R&D costs and investor behavior

研究開発費情報と投資家行動

石光 裕 [著]
Ishimitsu Yu

中央経済社

序　文

　研究開発活動が企業価値創造に結びつくことを信じて疑わない人は多いのではないだろうか。しかしその活動の効果の測定や投資と効果の対応関係を確定することは難しいため，現在の日本の会計基準では発生時における全額費用処理が要求されている。この会計処理に従えば，研究開発活動によって形成された無形資産は貸借対照表には計上されない。このような状況のもと，投資家はどのように研究開発集約的な企業の価値を見積もり，投資意思決定を行っているのであろうか。本書では，研究開発投資がもたらす無形資産の経済的性質や投資家が保有する情報の特質に着目し，研究開発集約企業に対する投資家の行動を明らかにしている。

　投資家行動を考えるうえで，意思決定プロセスの変化は重要な要素となる。近年，人間が意思決定から売買までを行っていた時代から，その取引プロセスの大部分をコンピューターが行う時代へと意思決定プロセスがシフトしてきていることは明らかである。コンピューターのプログラムによって売買を行うアルゴリズム取引がその代表例であり，1秒に満たない極めて短時間の間に高速で売買を繰り返す取引が出現するなど，かつて人間が意思決定を行っていた時と比べると，そのスピードも判断方法も大きく変化してきている。

　コンピュータープログラムを使用した証券売買が盛んになった背景として，コンピューターの処理速度の向上とインターネットの飛躍的な普及が挙げられるが，それらによって非常に多くの情報がインターネット上に公開され，廉価で利用可能となっている点も見逃せない。企業が公開している情報は，数値情報にとどまらず，テキスト情報，動画や音声などさまざまな種類のものがあることは周知のとおりである。このことをふまえ，本書ではこれまであまり研究に活用されることのなかった情報の1つであるテキスト情報に着目し，その情報価値についても検討している。

本書の分析では，投資家は研究開発活動が企業価値評価において重要な要因であることを認識しており，意思決定に取り込むべく情報収集・分析を積極的に行っていることが明らかとなった。また研究開発費情報を補完することが期待されるテキスト情報についても追加的な情報価値をもつことが示されている。

　これらの分析が，投資家が研究開発集約企業に対して，現在どのような意思決定を行っているのか，さらに今後どのように意思決定が変化していくのかについて考察する一助となれば幸いである。

　本書は，筆者がおよそ10年にわたって行った研究をまとめたものである。出版に際して，サンプルの拡大や追加の検証を行うなど，大幅な加筆修正を行っている。浅学菲才であるがゆえ，記述に不十分な箇所があったり，思わぬ過誤が多々あると思われる。皆様のご批判を得て，今後の研究の向上に努める所存である。

　拙い内容ではあるが，それでも多くの方のご指導，ご鞭撻がなければ到底完成することはできなかった。とりわけ大学院時代から現在に至るまで，常に親身になってご指導をいただいている桜井久勝先生（関西学院大学商学部教授・神戸大学名誉教授）には深く感謝申し上げる次第である。問題意識の設定にはじまり，実証分析の手続きや論文執筆について，折にふれ，常に暖かいご指導をいただいている。本書では，先生より頂いたご厚恩に到底報いることはできないが，今後も一層研究に邁進することによってご容赦願いたい。

　また，神戸大学大学院経営学研究科の音川和久先生をはじめとして桜井ゼミ門下の諸先生方には，日頃より貴重なご指摘と励ましをいただいていることに感謝申し上げる。

　筆者が勤務している京都産業大学経営学部の諸先生方には，いつも快適な研究環境を提供いただいていることに御礼申し上げる。専門の異なる先生方との日頃の何気ないディスカッションからどれだけヒントをいただいたかわからない。また橋本武久先生をはじめ財務会計分野の諸先生方には，貴重なご意見を数多くいただいている。

序　文

　末筆ながら，厳しい出版事情のなか，本書の出版を引き受けてくださった中央経済社の山本継社長と編集・校正作業等でご尽力いただいた田邉一正氏をはじめ中央経済社の皆様にも感謝する次第である。

　本書の執筆にあたっては，科学研究費補助金・若手研究（B）（課題番号25780296，17K13833）の助成を受けている。これらの助成に対しても記して感謝申し上げる次第である。

　最後に私事になるが，これまで筆者の研究生活を支えてくれた両親と，妻，子供たちにも感謝の意を表したい。

2018年3月

石光　裕

目　　次

第1章　本書の目的と構成 ── 1

第1節　問題意識と本書の目的……1
第2節　本書の意義……3
第3節　本書の構成……5

第2章　日本企業の研究開発投資と会計基準 ── 7

第1節　はじめに……7
第2節　日本企業の研究開発投資の実態……9
第3節　研究開発のプロセスと経済的性質……14
　(1)　研究開発活動のプロセス……15
　(2)　研究開発活動による無形資産の経済的性質……16
第4節　研究開発投資の会計基準……18
第5節　研究開発投資についての先行研究……22
第6節　要　　約……26

第3章　研究開発集約企業の財務的特徴 ── 31

第1節　はじめに……31
第2節　研究開発集約度の業種別の分布……32

第3節　研究開発集約企業の資金調達……34
　(1)　当座比率……35
　(2)　負債比率……36
　(3)　固定長期適合率……37
　(4)　インタレスト・カバレッジ・レシオ……39
第4節　研究開発集約企業の利益率……41
　(1)　ROA……41
　(2)　ROAの2分解……42
第5節　要　　約……45

第4章　研究開発費情報と将来利益予想 ― 47

第1節　はじめに……47
第2節　先行研究……49
　(1)　日本における会計基準の国際化……49
　(2)　利益の測定方法とその性質……50
　(3)　予測価値と利益の質……52
第3節　利益の予測可能性の測定と実証モデル……53
　(1)　株式リターンに含まれる期待利益情報……53
　(2)　実証モデル……55
第4節　サンプルと基本統計量……58
　(1)　サンプルの選択……58
　(2)　基本統計量と相関係数……59
第5節　分析結果……60
　(1)　予測可能性の変化の分析……60
　(2)　会計基準変更が予測可能性に与える影響の分析……62
第6節　要　　約……64

目　　次

第5章　研究開発集約企業における投資家の情報収集・分析 —— 67

第1節　はじめに……67

第2節　先行研究と仮説の設定……68
- (1) アナリスト予想の特性……68
- (2) 研究開発集約企業のアナリスト予想……70

第3節　アナリスト予想の情報特性の測定と実証モデル……71
- (1) 証券アナリストの保有情報……71
- (2) 実証モデル……72

第4節　サンプルと基本統計量……73

第5節　分析結果……76

第6節　要　　約……77

第6章　研究開発集約企業と投資家間の情報格差 —— 79

第1節　はじめに……79

第2節　先行研究と仮説の設定……80
- (1) 情報の非対称性と財務報告……80
- (2) 投資家間の情報の非対称性……82
- (3) 研究開発活動と情報の非対称性……83

第3節　情報の非対称性の測定と実証モデル……84
- (1) 情報の非対称性の測定……84
- (2) 実証モデル……86
- (3) ビッド・アスク・スプレッドとデプスの時系列推移……88

第4節　サンプルと基本統計量……89

第5節　分析結果……90

⑴　分析結果……90

　　　⑵　頑健性の確認……92

　第6節　要　　約……92

第7章　研究開発集約企業とディスクロージャー ── 95

　第1節　はじめに……95

　第2節　先行研究と仮説の設定……96

　　　⑴　企業の情報開示……96

　　　⑵　情報開示が資金調達コストに与える影響……97

　第3節　ディスクロージャー活動の評価と実証モデル……99

　　　⑴　ディスクロージャー活動の評価……99

　　　⑵　実証モデル……100

　第4節　サンプルと基本統計量……103

　第5節　分析結果……106

　　　⑴　仮説1の分析結果……106

　　　⑵　仮説2の分析結果……106

　第6節　要　　約……109

第8章　研究開発費による裁量行動と将来業績 ── 111

　第1節　はじめに……111

　第2節　先行研究と仮説の設定……112

　　　⑴　経営者による裁量行動……112

　　　⑵　研究開発費支出による経営者の裁量行動……116

　　　⑶　経営者の近視眼的行動と将来パフォーマンス……116

第3節　サンプルと基本統計量……119
　⑴　使用データ……119
　⑵　損失回避サンプルの特定……120
　⑶　裁量的な研究開発支出を行ったサンプルの特定……121
第4節　分析結果……122
　⑴　裁量行動が将来パフォーマンスに与える影響……122
　⑵　会計的裁量行動の有無……124
第5節　要　約……127

第9章　投資戦略の変化と研究開発情報の役割 ── 129

第1節　はじめに……129
第2節　証券市場の構造変化……130
　⑴　証券市場における技術変化と投資戦略……130
　⑵　HFT取引の広まりと日米の市場構造……132
　⑶　HFT取引の影響と規制……134
第3節　アルゴリズム取引の設計……135
第4節　研究開発集約企業の取引におけるアルゴリズムの活用……138
第5節　要　約……139

第10章　有価証券報告書における研究開発活動の記載内容 ── 143

第1節　はじめに……143
第2節　有価証券報告書の記載内容と研究開発活動……145
　⑴　有価証券報告書の記載内容……145
　⑵　研究開発活動の記載内容……147

第3節　研究開発活動の記載内容の特性……148
　(1)　テキスト分析……149
　(2)　記載単語数……150
　(3)　記載内容の多様性……151
　(4)　出現単語のランキング……152

第4節　企業別の記載内容の特性比較……153
　(1)　武田薬品工業……155
　(2)　沢井製薬……157
　(3)　パナソニック……159

第5節　EDINETによるテキスト情報開示……162
第6節　要　　約……164

第11章　研究開発活動のテキスト情報と将来業績 ── 167

第1節　はじめに……167
第2節　先行研究と仮説の設定……169
　(1)　会計研究におけるテキスト情報の利用……169
　(2)　有価証券報告書の記載内容と将来業績……170

第3節　テキスト内容の測定と検証方法……171
　(1)　テキスト内容の測定……171
　(2)　実証モデル……172

第4節　サンプルと基本統計量……174
第5節　分析結果……177
　(1)　仮説1の分析結果……177
　(2)　仮説2の分析結果……178

第6節　要　　約……182

第12章 結論と今後の課題 ——————————— 185

　　第1節　発見事項の要約……185
　　第2節　今後の研究課題……188

引用・参考文献……191
索　　引……203

第1章 本書の目的と構成

第1節 問題意識と本書の目的

　企業経営における無形資産の重要性が指摘されて久しい。企業経営には，さまざまな種類の無形資産が活用されているが，その主要な源泉の1つとして研究開発活動があり，企業が投資する金額も年々増加している。2008年には，国内で産み出された付加価値の総額を表す国内総生産（Gross Domestic Product: GDP）の国際的な計算方法が見直され，研究開発投資もこれに含まれることとなった。これは研究開発投資の重要性が国際的にも認められている証拠の1つといえる。日本においては2016年より同計算方法による値が公表されている。計算方法の改訂により，GDPが3％程度上積みされると見積もられており（毎日新聞2016年1月6日朝刊），改めて研究開発投資が経済に与える影響の大きさを知ることができる。

　企業にとって，研究開発活動は競争優位を創り出し，将来業績に大きな影響を与える要因と考えられている。そのため投資家は，研究開発活動の様子を投資意思決定プロセスに織り込むことを試みる。

　投資家が意思決定の際に用いる主要な情報の1つとして財務数値があり，なかでも利益の額は企業業績を表す集約的な指標として注目される。企業の研

開発活動を支える投資額は，現在の会計基準では発生した期の費用として計上されており，その額の大きさから利益計算に与える影響は大きい。

このような研究開発費の処理に関しては，以前から問題点が指摘されてきた。具体的には，投資から利益に結びつくまでに時間のかかる研究開発費投資を，発生時の費用処理としているため，費用と収益とが適切に対応していない点，また企業内に蓄積されている無形資産についてもオンバランスされていない点が挙げられる。結果として，企業の財政状態や経営成績が適切に表示されておらず，投資家への情報提供機能を十分に果たしていないのではないかという指摘につながっている。

このような状況のもと，研究開発投資を行う企業に適切な資金配分が行われるためにはどうしたらよいのであろうか。これが本書の問題意識であり，研究開発費情報に関連して，以下の3点を検討することによってこれに答える。

まず第1に，現状での投資家の意思決定プロセスはどのようになっているのかを明らかにする。

研究開発活動の重要性を認識している投資家は，さまざまな情報を追加的に取得，分析して企業価値の推定を行っていると推測される。一方，企業側も資金調達を有利に行うために，研究開発活動について追加的な情報を開示するなどの対応を行っており，両者の行動は相互に関係していると考えられる。

第2に，現行の会計基準のもと入手可能な情報をもとにどのような追加情報が業績予想に役立ち得るのかを考察している。企業や所属する産業の状況に精通した経営者のメッセージを如何に引き出すかに焦点を当てて2つの方法を検討している。

第3に，近年の投資戦略の変化にしたがい，投資家の意思決定プロセスがどのように変化してきているかを検討する。コンピューターシステムが経済情報や株価，出来高といった市況に応じて，自動的に株式売買注文のタイミングや数量を決めて注文を執行するアルゴリズム取引の拡大がそれであり，2016年に東京証券取引所で行われた取引の約半数がアルゴリズム取引の一種である高頻度取引（High Frequency Trading: HFT）であるとの報告もある。HFTが証券

市場に与える影響は大きく，2010年5月6日，ダウ工業株30種平均が数分間で9％（約1,000ドル）と取引時間中に過去最大の下げ幅を記録し，すぐにまた元の水準まで回復するという事件には，この高頻度取引が関係しているとされ，HFT，広くはアルゴリズム取引に注目が集まるきっかけとなった。

アルゴリズム取引は，より有利な価格で約定できるようにするため，投資家が独自の投資戦略を実行するためのプログラム（アルゴリズム）を作成し，想定したイベントが実際に起きた場合には，プログラムが即座に反応し，所定の売買取引を行う。先のHFTにおいては，その速さは100万分の1秒に達することもあり，極めて短い時間の間に頻繁に売買を行う取引は，そのスピードと正確性という点において，これまで人間が行っていた投資のあり方とは大きく異なる。

すべての投資家が自らアルゴリズム取引を行うわけではないが，近年の情報通信技術の飛躍的発展によって，従前にくらべて比較的安価にそれら技術が使えるようになったことで，アルゴリズムを用いる取引の割合は今後増加していくと考えられる。このように投資家の意思決定プロセスが変化するなかで，特にそのプロセスが複雑な研究開発集約的な企業に対する評価はどのように変化していくのであろうか。今後のアルゴリズム取引の流れと併せて，興味のもたれるところである。

先述の問題意識に対して，本書では日本の証券市場を対象にして，投資家が企業の研究開発活動をどのように捉え，投資意思決定を行っているかを描写する。またアルゴリズム取引が普及する中でどのような情報が有用となるのかを検討する。

第2節　本書の意義

企業の研究開発活動の様子を会計上どのように描写し，利害関係者に伝えるべきなのか。基準の開発に際して向き合わなくてはならない課題の1つである。

本書はこの問いに答えるための基礎を提供すべく，現在の会計基準のもと，投資家が研究開発集約的な企業について，どのようなプロセスを経て意思決定を行っているのかを明らかにする。これらプロセスに関する投資家行動のいくつかは経験的には知られているが，財務データや証券データといった客観的なデータにもとづく分析を行うことによって実証的な裏付けを与えることが重要となる。

　実証的に明らかにされた投資家行動は，関係者に対して次のような示唆をあたえるだろう。まず情報の作成者である企業の立場からは，研究開発投資の費用処理を所与としたとき，どのような情報が投資家によって歓迎されるのかを知ることができ，これをふまえることによって資金調達活動を円滑に行うことができるようになる。研究開発投資の会計基準をつくる立場，つまりは基準設定主体の立場からは，投資家の意思決定を阻害しないかたちで，どのような基準が好ましいかを考えることができるようになる。

　また，本書の後半では，有価証券報告書の文書にまで分析範囲を拡大し，企業が取り組んでいる研究開発の状況を探る方法を検討している。企業が開示する情報は財務数値だけではなく，文章や図表や画像も含まれており，投資家はそれらを総合して意思決定を行う。開示される情報も増加してきており，その多くが企業の開設するweb上から入手することができるようになっている。企業によって開示されているテキスト情報を分析に含めることによって，投資家行動についてより現実に近い意思決定過程の検討が可能となる。

　テキスト分析はこれまで会計学の分野ではあまり行われてこなかったが，コンピューター性能の向上と分析に用いるプログラムが公開されるなど，分析環境が整備されてきたため実行のハードルが下がってきている。しかし，依然としてテキスト分析にはさまざまな技術上の問題，とくに日本語を分析するには解決しなくてはならない多くの問題がある。本書は日本語テキスト文章を対象に，テキスト分析の分野で頻繁に使用される技法を用いて分析を試みており，今後のテキスト分析に向けて実践例を提供しようとするものである。

　またテキスト分析の手法は証券投資のアルゴリズムにも使用されていること

から，近年の情報環境の変化をふまえて，今後，投資家が研究開発集約的な企業をどのように評価していくのかを考察することにもつながる。

第3節 本書の構成

　本書は，現在の研究開発活動の状況（第2章）と研究開発型企業の財務的特徴の把握（第3章）にはじまり，当該活動を描写した会計情報をもとに投資家がどのように意思決定を行っているかを明らかにし（第4章から第7章），公表されている研究開発に関する定量的，定性的情報にはどのような活用法があるのかを検討する（第8章から第11章）。各章ごとの内容は以下のとおりである。

　第2章では，企業の研究開発活動への投資額がどのように変化しているのかを確認し，研究開発会計基準の内容について検討する。そして研究開発をテーマとした会計研究がどのように展開されてきたのかを概観する。次に第3章では，研究開発活動を盛んに行っている企業の，収益性，安全性を中心とした財務上の特性について確認し，続く分析の基礎とする。

　第4章では，投資家が将来利益予想に際して研究開発費情報にどの程度の関心を示しているのかを検討する。続く第5章では，投資家がどれほど熱心に研究開発活動について事前の情報収集を行っているのかを検討し，それでも情報収集・分析能力の違いから結果として情報強者と弱者が生まれているのか（第6章）を検証する。情報の非対称性が存在するとき，企業は情報開示を行うことによって情報格差の緩和に努めるが，それに成功しているのかを第7章で検証する。

　第8章から第11章までは，現状の情報環境のもとでどのようにすれば投資家が研究開発の様子を読み取ることができるかを検討している。第8章では，経営者の裁量行動に着目し，企業が行う研究開発のなかでも経営者が将来性があると見ているものを識別する方法を示している。第8章から第11章までの内容は，研究開発費の額だけではなく，その質にも着目するという点で共通してい

る．

　第9章では，近年の投資環境の変化から，用いられる投資戦略が大きく変化したことに伴って，意思決定のあり方も変化を遂げていることを指摘している．情報通信技術の急速な進化を背景に，コンピューターが自動的に証券売買を行うアルゴリズム取引が拡大する現在では，定量情報に加えて定性情報が重要となる．定性情報についても定量化する手法が開発されており，本書でもその技術の1つであるテキスト分析を用いて，研究開発活動の内容を定量化することを試みている．第10章では，研究開発活動についてのテキスト情報が取り扱われている有価証券報告書に焦点をあて，記載内容を詳細に検討することによって，どのような指標を作成することができるのかを考察する．第11章では，定量化された研究開発情報を用いて，将来業績予測が可能であるのかを検討している．第12章では，本書の発見事項のまとめを行い，今後に向けてどのような研究課題があるのかを提示している．

日本企業の研究開発投資と会計基準

第1節 はじめに

　日本企業の国際的な競争力が低いという指摘は，他国に比べて相対的に低いROE水準を根拠として行われることが多い。そしてなぜ日本企業のROEが低いのかは，以前より議論の対象となってきた。その謎を解くための手掛かりの1つとして，ROEの3分解による結果がある。株主の立場からの収益性を示すROEは，売上高純利益率，総資本回転率，財務レバレッジの3つの部分の積として表すことができるが，日本，米国，欧州ごとに各部分を比較した結果，日本企業が劣るのは売上高純利益率であることが指摘されている（経済産業省，2014）。

　企業にとっての利ざやを表す売上高純利益率は，革新的な生産および販売方法によって他社に比べて競争優位を構築することで高めることができる。これら競争優位を産み出すために企業経営に活用される資産の種類が，1990年前後を境に機械，設備といった有形資産から，ノウハウやブランド，特許権といった無形資産へとシフトしつつあり，無形資産への投資は近年ますます重要性を増してきたとの認識が広まってきている。

　なかでも研究開発活動への投資は，そこから得られる無形資産が企業の将来

業績に結びつき企業にとって重要な活動とされている。研究開発活動は経済の進展に必要不可欠なものであることが，古くからシュンペーターをはじめ多くの研究者によって指摘されている。その重要性を裏づけるように，研究開発活動についての調査が公的機関や民間のシンクタンクなどによって多数行われている。たとえば日本においては，公的機関による代表的な調査として総務省『科学技術研究調査』，文部科学省『民間企業の研究開発活動に関する調査』があり，それら統計・調査をもとに経済産業省『我が国の産業技術に関する研究開発活動の動向』が作成されるなど，研究開発活動に対する関心の高さが窺われる。

研究開発活動に関する情報ニーズが高まるなか，企業活動を描写する役割を期待される財務会計に対しては，現在の基準のもとでは財務諸表において研究開発活動の実体を正しく捉えることができていないと批判されることが多い。そのため当該活動を会計上どのように取り扱うのかについては，従前よりさまざまな議論，研究が行われて今日に至っている。

本章の目的は，日本企業の研究開発活動の特徴およびその描写に用いられる会計基準について検討し，これまでにどのような観点から先行研究がなされ，何が明らかにされてきたのかを概観することにある。

本章の構成は以下のとおりである。第2節では，他国との比較や行われている研究の性質から日本企業の研究開発活動の特徴を明らかにする。第3節では，研究開発活動から獲得される無形資産がどのような特質を有するかを知るため，無形資産の経済的な性質について検討する。第4節では，各国および日本の会計基準の設定過程において，前節で検討した性質がどのような影響を与えたのかを確認する。第5節では，主に会計学の分野において企業の研究開発活動に関する研究がどのように展開され，何が明らかにされてきたのかを示す。第6節では，本章のまとめと今後の課題を述べる。

第2節 日本企業の研究開発投資の実態

新聞やニュースでは、連日のように新素材や新技術を用いた製品やサービスが取り上げられている。2016年度に日本経済新聞において、「研究開発」という単語は1,679回出現しており、日本企業を中心に積極的な研究開発活動が行われ、高い関心がもたれていることがわかる。では日本企業はどれほどの額をどのような研究開発活動に振り向けているのだろうか。この節では日本企業の研究開発活動[1]の現状について確認したい。

図表2-1は、経済協力開発機構（Organisation for Economic Co-operation and Development: OECD）の公表するデータ[2]をもとに国別の研究開発費の額をグラフにしたものである。OECD加盟国の合計額は2000年以降、連続して増加しており、研究開発活動が企業の競争力に結びつくとの認識から、各国ともその投資額を増やしていることがわかる。2015年時点において、投資額上位3

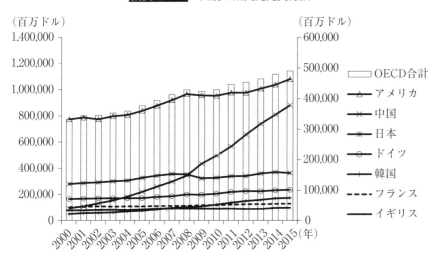

図表2-1 国別の研究開発費総額

（出所）OECD Gross domestic spending on R&D（indicator）より作成。OECD合計は左軸、各国の値は右軸の目盛りを使用。

9

カ国はアメリカ（4,628億ドル），中国（3,769億ドル），日本（1,547億ドル）となっている。日本は2008年まで米国に次ぐ第2位につけていたが，近年急激に投資額を増やす中国に追い抜かれて第3位となっている。英国を除いた各国がゆるやかにではあるが研究開発投資を増やす傾向にあるなか，中国の増加率はそのなかでも特筆すべきものであるといえる。

　図表2－2では，日本の研究開発投資の総額と研究を行う主体別の研究開発投資の額が示されている。日本全体の研究開発投資の総額（棒グラフ）は2004年度から2007年度まで増加し，リーマンショックの影響を受けた2009年度，2010年度には2004年度の水準にまで落ち込んだが，その後徐々に増加する傾向にある。また研究主体別の折れ線グラフからは，日本の研究開発活動の中心を担っているのは大学や非営利団体・公的機関ではなく企業であることがわかる。2015年度を例にとると日本全体の研究開発費の72％の13.7兆円を企業が占めており，大学3.6兆円（19％），非営利団体・公的機関1.6兆円（8％）という額と比べて大きな開きがある。日本全体の研究開発費の大部分を企業が占めているため，時系列でみると全体と企業の推移は連動している。また，日本のように

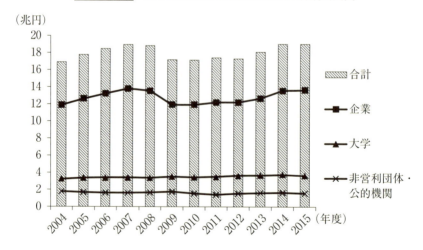

図表2－2　日本の研究開発費総額と研究主体別研究費

（出所）総務省（2016）表3研究主体別研究費の推移より作成。

企業がその国の研究開発活動を支えているという構図は，アメリカ，イギリス，ドイツにおいても同様であることが経済産業省（2017）で示されている。

次に企業がどのような性質の研究開発活動を行っているのか，その特徴を明らかにするために，大学等で行われる研究開発活動との比較を行う。ここでは研究開発活動はその性質に応じて基礎研究，応用研究，開発研究に分類されている[3]。図表２－３は，企業または大学の主体別に各研究開発活動をどのような割合で行っているかを1995年度から2015年度まで５年おきに表したものである。両者における各研究の構成比率は大きく異なっている。すなわち企業は大学に比べて基礎研究の割合が低く，開発研究の割合が非常に高いことが指摘できる。つまり，企業は利益に結びつきやすい開発研究に力を注ぎ，利益との関連性が不確実または低いと考えられる基礎研究を避ける傾向にあることがわかる。大学では，1995年度から2015年度に至るまで，３種の研究開発費の構成割合に大きな変化はない。一方，企業では，1995年度に71.3％であった開発研究は，2015年度には76.1％となっており，グラフからも開発研究へと研究開発の種類がシフトしていく傾向は徐々に強まってきていることがわかる。

図表２－３　日本企業，大学等の性格別研究費

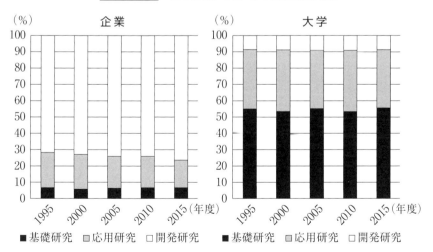

（出所）経済産業省（2017）1.1.3.1日本の性格別研究費より作成。

また企業による研究開発活動の積極性は，どのような事業内容を営んでいるかによって異なる。図表２－４は2000年度から2015年度の間に東京証券取引所第一部に上場していた全企業の研究開発集約度（＝研究開発費/売上高）を業種別にプールし集計したものである。

図表２－４　業種別の研究開発集約度の分布

業種名	企業数	うちR&D未計上 企業数	割合(%)	平均値	標準偏差	第1四分位値	中央値	第3四分位値
水産	116	7	6.0	0.014	0.025	0.001	0.004	0.010
鉱業	128	32	25.0	0.002	0.003	0.000	0.001	0.003
建設	1,750	153	8.7	0.003	0.003	0.001	0.002	0.004
食品	1,337	77	5.8	0.009	0.009	0.004	0.007	0.012
繊維	574	66	11.5	0.016	0.014	0.005	0.011	0.024
パルプ・紙	224	5	2.2	0.009	0.009	0.004	0.006	0.009
化学	2,219	23	1.0	0.032	0.020	0.018	0.028	0.040
医薬品	704	24	3.4	0.110	0.069	0.054	0.100	0.158
石油	161	16	9.9	0.013	0.022	0.001	0.002	0.008
ゴム	194	1	0.5	0.029	0.010	0.024	0.030	0.035
窯業	546	7	1.3	0.021	0.016	0.009	0.016	0.028
鉄鋼	572	28	4.9	0.007	0.007	0.002	0.006	0.012
非鉄金属製品	1,130	65	5.8	0.014	0.014	0.005	0.010	0.019
機械	2,190	52	2.4	0.026	0.025	0.012	0.022	0.034
電気機器	2,849	63	2.2	0.049	0.034	0.025	0.043	0.064
造船	69	1	1.4	0.010	0.009	0.004	0.006	0.011
自動車	953	14	1.5	0.026	0.016	0.013	0.025	0.038
輸送用機器	166	0	0	0.014	0.011	0.006	0.012	0.016
精密機器	548	4	0.7	0.050	0.030	0.029	0.044	0.065
その他製造	963	120	12.5	0.015	0.018	0.004	0.010	0.020
商社	2,946	2,018	68.5	0.001	0.004	0	0	0
小売業	2,601	2,414	92.8	0	0.002	0	0	0
不動産	1,116	1,052	94.3	0	0.004	0	0	0
鉄道・バス	380	308	81.1	0.002	0.006	0	0	0
陸運	307	273	88.9	0	0.002	0	0	0
海運	166	121	72.9	0	0	0	0	0
空運	79	51	64.6	0.004	0.006	0	0	0.005
倉庫	356	340	95.5	0	0.001	0	0	0
通信	378	141	37.3	0.005	0.010	0	0	0.004
電力	188	5	2.7	0.007	0.003	0.005	0.007	0.008
ガス	112	0	0	0.005	0.004	0.002	0.003	0.007
サービス	5,667	3,412	60.2	0.007	0.025	0	0	0.003
全体	31,689	10,893	34.4	0.017	0.029	0	0.004	0.023

（出所）日経NEEDS Financial Questのデータより作成。

業種別の研究開発投資の傾向をみるため，研究開発費の計上額がゼロの企業の割合に着目すると，製造業に属する業種は鉱業を除いて10％程度に収まっている。これに対して，非製造業は通信，電力，ガスを除く業種が60％を超えており，業種内の半数を超える多くの企業が研究開発活動を行っていないことがわかる。

次に集約度の平均値に着目すると，1％に満たない業種が，鉱業，建設，食品，パルプ・紙，鉄鋼，商社，小売業，不動産，鉄道・バス，陸運，海運，空運，倉庫，通信，電力，ガス，サービスである。1％以上2％未満は，水産，繊維，石油，非鉄金属製品，造船，輸送用機器，その他製造の各業種である。2％以上の業種は，化学，医薬品，ゴム，窯業，機械，電気機器，自動車，精密機器の8つであり，これら業種は他と比べて積極的に研究開発投資が行われていることがわかる。

また，標準偏差が0.02を超える業種は，水産，化学，医薬品，石油，機械，電気機器，精密機器，サービスの8つであり，なかでも医薬品は0.069と突出して大きい。これらは，業種内における企業の投資の積極性に違いがあることを示している。

ただし，図表2－4は集約度を16年間分プールしたものであり，前述の特徴は年度ごとの違いを反映したものである可能性がある。そこで業界別の研究開発投資の傾向から，集約度が2％を超える研究開発に積極的な8つの業種にしぼり，その時系列の変化を確認しておく。図表2－5は東京証券取引所第一部に上場した8つの業種に所属する企業について，業種ごとの研究開発集約度の平均値を時系列で示したものである。医薬品が最も高い水準を維持しており，さらに売上高に対する研究開発支出額は年を経るごとに増加する傾向にある。これ以外に，増加傾向にあるのが電気機器と精密機器であるが，医薬品ほど顕著には増加していない。残る化学，ゴム，窯業，機械，自動車については2000年度以降ほぼ同じ水準を保っている。つまりは，医薬品をのぞく業種において，売上高に占める研究開発費の額は一定であり，時系列でみて研究開発投資への積極性に大きな変化はない。

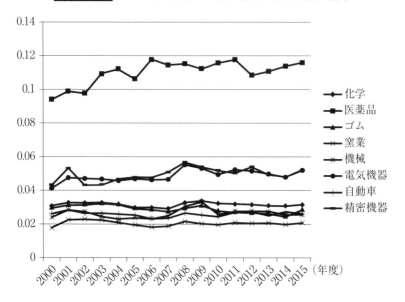

図表2-5 研究開発集約度の時系列推移（業種別平均値）

　以上から，世界的にみても研究開発投資は増加の傾向にあり，投資額の水準から日本は世界第3位の研究開発大国であるといえる。また投資主体の中心は企業であり，社会全体における適切な資源配分を達成するためには，企業収益にとって大きな意味をもつ研究開発費投資についての情報を，利害関係者に対してどのように提供していくかが今後ますます重要になるといえる。

第3節　研究開発のプロセスと経済的性質

　企業の研究開発活動の重要性が広く認識され，当該活動についての情報のニーズが高まると，それをどのように描写するかが問題となってくる。そのためにはまず研究開発活動がどのようなプロセスで行われ，そこから得られる無形資産の性質がどのようなものかを理解しておく必要がある。

(1) 研究開発活動のプロセス

　研究開発活動はいくつかのステージによって構成され，企業もステージごとに期限や費用を設定し管理していることが多い。各ステージの名前は企業やプロジェクトごとに異なるが，Boer（1999）で示されるように，おおよそ次のような段階を経て研究開発活動が進められる。

① アイディアの発見と選別
　商業的に成功の見込みのあるアイディアを多く出し，新規研究プロジェクトになりうるものを選別する。

② コンセプト・リサーチ
　実験室での研究を通じて，新しいアイディアをあらゆる角度から検討し，どのような状況下でその技術が機能したりしなかったりするのかを理解する。新規プロジェクトを行うに際して，機会の創造とリスクの軽減のバランスを図る必要があるが，この段階では機会の創造に重きがおかれている。また実験においては，多くの困難に直面するが，そこで得られる解決策によって，プロジェクトが次のステージに向かうこともあれば，派生して新しいプロジェクトに結びつく可能性もある。

③ 実現可能性の検討
　すでに特定化された問題を解決し，コストとパフォーマンスのデータを収集し，実現可能性を検討する段階を指す。

④ 開発
　製品の仕様を決定し，製造のためのプロセスを決定する。ここでいう仕様とは前プロセスまでで議論された技術的，性能上の仕様よりも広い範囲を指し，マーケティング，法的配慮，環境問題などより多面的なものも含んでいる。

⑤ 初期商業化
　市場への足掛かりを築き，デザイン，品質，製造について未解決の問題に対応する。

ステージの初期段階では，最終的に利益に結びつくか否かの不確実性が高く，ステージが進むにつれその不確実性は減少していく。企業は，不確実性をできるだけ小さくしながら，最終的な利益を最大化することを目標としており，そのためには研究開発の過程を適切に管理する必要がある。研究開発プロセスを管理する代表的な方法としてステージゲート法があり，この方法は，次のステージに移行する前に現在のステージの評価を行い，評価をクリアしたものだけが次のステージに進むことができるという点に特徴がある。これにより，不確実性をできるだけ抑えて研究開発活動を行うことができるとされている。

(2) 研究開発活動による無形資産の経済的性質

前述のようなプロセスを経て，企業が手に入れることができる研究開発活動からの無形資産はどのような性質を有しているのであろうか。ここではLev(2001)に提示された，一般的な無形資産の性質をもとに，価値創造要因（非競合性とネットワーク効果）と価値創造制約要因（不完全排除，固有リスク，売買不可能性）とに分けて検討する。

価値創造要因の1つである非競合性とは，その価値を減少させることなく，同時に複数の用途に反復的に用いることができる性質を指す。有形資産をある用途に用いると，同時には他の用途には用いることができないのとは対照的といえる。無形資産の構築には多額の投資が必要となるが，ひとたび構築されてしまえば再生産に追加的な費用はほとんどかからない。そのため希少で競合する資産（たとえば優秀な従業員）の仕事を無形資産（たとえば仕事を処理するためのプログラム）が取って代わることによって，多額の費用を削減することができる。この効果は企業規模が大きくなるに従って増大することから，利益逓増の性質を有する。

価値創造の2つ目の要因としてネットワーク効果が挙げられている。これはネットワークへの加入から得られるベネフィットが，そのネットワークの参加者（他の人々や企業，政府などの組織）の数が増えるに従って，増加することを表している。有形資産集約型の産業にもネットワークは存在するが，無形資産

集約型の産業の方がネットワークの重要性は高く，その規模も大きいのが一般的である。たとえばパソコンのOSは利用者（ネットワーク参加者）が多ければ多いほどその価値が高くなるため，開発者はさまざまな手段を用いて利用者の獲得をねらい，結果として利用者数も有形資産集約型産業のネットワークに比べて多くなる。この例のように研究開発活動に重きをおく無形資産集約型の企業の方がよりネットワーク効果を享受することができる。

　続いて，無形資産の価値創造を阻む要因として，不完全排除，固有リスク，売買不可能性が挙げられる。まず不完全排除とは，無形資産所有者は当該資産からのベネフィットを所有者以外が享受することを完全には排除できないことを指す。その結果として所有者以外にベネフィットが存在するスピルオーバーという現象が起きるが，これを阻止することは容易ではない。その代表的な方法として，特許権のように無形資産を法律上の権利とすることが挙げられるが，申請手続きや特許権侵害訴訟が起こった場合の対応など，無形資産からのベネフィットを占有するには莫大なコストがかかる場合もあり，必ずしも法律上の権利にすればよいわけではない。

　次に無形資産の固有リスクとは，投資から無形資産生成までの不確実性のことであり，それが固定資産に比べて高く，かつ投資の初期に集中しているという特徴を指している。たとえば基礎研究は研究開発の初期段階に行われるが，それが商品化され利益に結びつく確率は低い。基礎研究に続いて行われる応用研究は既存の知識や技術を修正するものであることから，基礎研究に比べて商業的な成功に結びつく確率が高くなると考えられる。次節で述べるように，各国会計基準が基準設定に際して中心的な根拠としているのが，無形資産のこの性質である。

　最後に売買不可能性とは，無形資産には競争的な市場が存在せず，売買することが極めて難しいという特徴を指す。市場があり，市場価格が存在すれば，経営者や投資家の意思決定にとって有用な商品やサービスの価値に関する情報を提供することができるが，現状ではほとんどの無形資産については市場が存在していない。これは先の固有リスクの存在とも関連するが，無形資産への投

資の成果が不確実な状態においては,売り手と買い手の間で成果の分配についての取り決めが難しいことに由来している。

 無形資産を捕捉し管理,評価するためには,上記のようにLev (2001) において指摘された価値創造に影響を与える要因を明確にしなくてはならない。特に会計上で取り扱うことを前提とすると各要因についての金額による測定が必要となるが,固定資産と比較した場合,その測定はより困難なものであることがわかる。

第4節 研究開発投資の会計基準

 企業の研究開発活動を捉えるべく,いち早く会計基準を整備したのは米国である。1973年1月にアメリカ公認会計士協会 (American Institute of Certified Public Accountants: AICPA) が研究開発投資の会計基準についての研究成果として「研究開発支出の会計」を公表し,1974年6月の公開草案を経て,同10月に財務会計基準審議会 (Financial Accounting Standards Board: FASB) によって財務会計基準書第2号「研究開発費の会計」(Statement of Financial Accounting Standards No. 2: SFAS2) として制定された。基準設定のプロセスではさまざまな議論がなされ,それまで明確ではなかった研究および開発について定義されるとともに,研究開発活動に要した金額を発生した期に費用として処理することが決定された。SFAS2の制定過程で提示された論点は,その後の国際会計基準,日本の会計基準において,研究開発活動の会計処理を検討する基礎となっている。

 まずSFAS2では,研究および開発を次のように定義している。研究とは,「そのような知識が,新しい製品やサービスまたは新しい生産方法や技術の開発あるいは既存の製品等や生産方法等の著しい改良に役立つことが期待される,新知識の発見を目的とする計画的調査または批判的研究」とされている。また開発とは,「研究成果またはその他の知識を,その販売または利用を目的として,

新しい製品等や生産方法等の計画または設計，あるいは既存の製品等や生産方法等の著しい改良の計画または設計に具体化すること」とされている。研究開発の定義については，国際会計基準，日本基準においてそれぞれ表現上異なる部分があるものの，指し示す内容はほぼ同様であり[4]，基準の対象となっている研究開発活動の内容に大きな違いはないと考えられる。

　研究開発活動の会計を検討するうえで最大の論点は，活動に要した額を資産計上するのか費用として取り扱うのかであり，SFAS2 (par. 39からpar. 50) では費用処理[5]するに至った根拠としていくつかの観点が示されている。その中心となっているのが研究開発支出による将来便益の不確実性と支出・便益の因果関係の欠如である。まず個別の研究開発プロジェクトの将来便益に対する不確実性はプロジェクトの進行に伴って減少するが，最終的に商業的な成功となる確率は非常に低くなることが指摘されている。また基準検討の時点では，研究開発支出と将来収益との明確な関連性を示す証拠を発見することはできなかったことが述べられている (par. 41)。これら研究開発投資の性質から，当該投資からの経済的資源を会計的に認識することが可能なのかという問題が存在する。とくに審議会が注目したのは測定可能性であり，先に挙げた研究開発支出と将来収益との関連性の欠如から，当該資源の測定は難しく，資産としての認識が難しいことが指摘されている (par. 45)。それゆえ研究開発投資を資産計上したとしても，投資からのリターンとその変動性の予測という情報利用者の有用性が高まることはない (par. 50) と結論づけられている。

　国際会計基準審議会 (International Accounting Standards Board: IASB) の前身である国際会計基準委員会 (International Accounting Standards Committee: IASC) は1978年7月に国際会計基準第9号「研究開発活動の会計」を公表している。その後，IASCはこれを無形資産についての基準に盛り込み，1998年4月に国際会計基準第38号「無形資産」(International Accounting Standards 38: IAS38) を公表し，現在に至っている。IAS38においても，研究，開発の定義は米国のそれと同様であり，当該活動に支出した金額は，一定の要件を満たした場合を除いて[6]，当該期間の費用とすることとされている。

19

日本においては，1998年3月に企業会計審議会によって，研究開発活動の情報提供そして企業間，国際間の比較可能性の担保のため，研究および開発の定義とその会計処理を示した「研究開発費等に係る会計基準」が公表された。この基準が設定される以前は，試験研究費および開発費がここでいう研究開発費に類似する項目[7]として存在していたが，その定義が明確でないこと，任意に資産計上することができたことなどに問題があった。

　新たに定義された研究とは，「新しい知識の発見を目的とした計画的な調査および探求」を指し，開発とは「新しい製品・サービス・生産方法についての計画もしくは設計または既存の製品等を著しく改良するための計画もしくは設計として，研究の成果その他の知識を具体化すること」とされた。これら定義が米国会計基準，国際会計基準とほぼ同様のものであることは先に述べたとおりである。研究，開発のより具体的な内容は，「研究開発費及びソフトウェアの会計処理に関する実務指針」において以下のように示されている。

① 従来にはない製品，サービスに関する発想を導き出すための調査・探究
② 新しい知識の調査・探究の結果を受け，製品化又は業務化等を行うための活動
③ 従来の製品に比較して著しい違いを作り出す製造方法の具体化
④ 従来と異なる原材料の使用方法又は部品の製造方法の具体化
⑤ 既存の製品，部品に係る従来と異なる使用方法の具体化
⑥ 工具，治具，金型等について，従来と異なる使用方法の具体化
⑦ 新製品の試作品の設計・製作及び実験
⑧ 商業生産化するために行うパイロットプラントの設計，建設等の計画
⑨ 取得した特許を基にして販売可能な製品を製造するための技術的活動

　研究開発費についても他基準と同じように，発生時において費用処理することとされた[8]。これら費用[9]は一般管理費および当期製造費用とされ，その総額は注記される。これは発生時には将来の収益獲得が不確実であり，資産としての要件を十分に満たしておらず，また一定の要件を満たす研究開発費について資産計上を認めるとしても，客観的に判断できる要件を規定することは難し

いと判断されたためである。これらの根拠もSFAS2と同様である。

　研究開発投資についての会計処理は従来より継続的に関心がもたれてきたが，とくに1990年ごろからその関心が高まってきた。これは企業経営における無形資産の存在が注目されてきたことと大きく関係している。その背景には1990年から2000年にかけて，純資産とその市場価値である株式時価総額との乖離を示す時価簿価比率（Price to Book Ratio: PBR）が1を大きく超えた状態となり，市場価値が純資産より大きい理由として貸借対照表に計上されていない無形資産の存在が指摘されたためである。これを受けて多くの研究報告がなされ，無形資産が注目を浴びることとなった。たとえば米国のブルッキングス研究所からはBlair and Wallman（2001），Lev（2001）らの研究調査が，2002年には北欧を中心としたヨーロッパ6ヵ国による無形資産のマネジメントとレポーティングのガイドライン策定プロジェクト（MERITUMプロジェクト）による報告書が提出された。日本においては日本会計研究学会で特別委員会「無形資産会計・報告の課題と展望」が組織され，2005年には経済産業省が「知的資産経営の開示ガイドライン」を公表するなど無形資産に対する関心が高まりを見せた。

　研究開発投資の会計に関する議論の中心は，それを資産計上するべきか費用計上するべきかという点にあるのは先にも述べたとおりである。近年の議論は情報の有用性の観点から語られることが多く，情報利用者の立場からは無形資産を創造する研究開発投資を貸借対照表に資産計上すべきとする立場（たとえばLev, 2008）と，資産計上しようとしまいと企業価値の推定に与える影響は少なく，資産計上することにそれほどのメリットはないとする立場（たとえばSkinner, 2008）からの議論が続いている。これらの議論に並行して，各立場をサポートするべく多くの研究が発表され，証拠の蓄積が行われている。

第5節 研究開発投資についての先行研究

　研究開発投資についての研究は，当該投資がどのように成果に結びついているのか（投資の生産性）の検討を中心に行われている。さらに，会計やファイナンスの分野においては，研究開発投資の情報が投資家行動にどのような影響を与えているのかの考察へと展開されている[10]。このような研究の流れは，SFAS2が結論の背景のなかで，将来便益の不確実性と支出・便益の因果関係の欠如，および情報の有用性の観点を重要視していたことと整合的である。

　企業は研究開発活動を行うことによって社内にさまざまなノウハウを蓄積するが，それらの一部は特許権や商標権といった法律的形態をもつこともある。続いてそれら投資による中間成果を用いて経営活動を行うことによって，他企業に比べて高い水準の売上高や利益という成果を導くことができる。ただし，損益計算書上には，発生時に研究開発活動に投資された金額のすべてが費用として計上されるが，中間成果については，たとえば知的資産の登録手続きに用いられた費用など，無形資産を構成するごく一部の金額のみが計上されるにすぎない。これら一連の研究開発活動は，投資家にとって投資意思決定のための重要な判断材料となり，その結果は株価（時価総額）や株価変化，ビッド・アスク・スプレッドなどの証券市場の特性として観察することができる。これらの関係性を示したのが図表２－６であり，先行研究では各項目間の関係を明らかにすべく，さまざまな検証が行われてきた。以下では研究開発投資の生産性の検証とそれらの情報にもとづく投資家行動の検証に分けて，これまでどのよ

図表２－６　研究開発投資から最終成果まで

企業	研究開発投資 （研究開発費）	→	中間成果 （ノウハウ，特許，商標など）	→	最終成果 （売上高，利益など）
投資家	↓解釈		↓解釈		↓解釈
証券市場	市場特性（株価，株式リターン，ビッドアスクスプレッドなど）					

うな研究の蓄積がなされているのかを概観する。
  ① 研究開発投資の生産性についての研究
 研究開発投資が成果にどのように結びついているのかについては，1980年代ごろから経済学分野を中心に研究が行われてきた。これらの検証は，研究開発投資，中間成果，最終成果の間の関係を調査することによって行われる。
 まず，研究開発投資と最終成果との関係を検証した研究には次のものがある。Ravenscraft and Scherer（1982）は企業が研究開発活動，生産活動（設備投資），販売活動を行ってから時間的なずれをもって利益を獲得していることに着目し，支出の効果が発現するまでのタイミングを考慮して各活動と利益の関係を推定した。販売活動費はほぼその支出事業年度内に利益として発現し，研究開発費はその効果が発現するまでに3～5年を要することが示された。日本企業を対象にした宮本（1994）では，研究開発の効果は4～5年のうちにほとんどが発生することを確認した。Lev and Sougiannis（1996）は，営業利益が有形資産と研究開発活動，広告宣伝活動からの無形資産によって導かれると仮定し，回帰によって各資産の償却率を推定した。推定の結果，有形資産からは0.084～0.155ドル，広告宣伝活動からは0.906～1.639ドル，研究開発活動からは1.663～2.628ドルの営業利益がそれぞれの1ドルの投資から得られることがわかった。また償却期間は5年から10年と推測された。榊原他（2006）はこれと同様の推定を行い，日本の製造業の平均発現期間が4年から5年であることを示している。Li and Hwang（2011）は，ROEの水準が高いグループでは，研究開発費とROEとの間に正の相関関係が，逆にROE水準が低いグループでは両者の間に負の相関関係があることを確認した。
 次に企業の研究開発投資が中間成果とどのように結びついているのかに関する調査としてMansfield（1981）がある。彼は石油化学業界を対象に研究開発費の額とそれによって成し遂げられたイノベーション数との関連を調査し，両者には正の関係があること，研究開発のなかでも基礎研究に振り向けた方がより強い正の関係になることを示した。Hirschey and Weygandt（1985）は，企業が固定資産と無形資産を用いて将来収益を生み出し，そのことを市場が正し

23

く株価に織り込んでいることを前提に，Qレシオ（市場価値/有形資産の取替原価）を中間成果である無形資産の代理変数として用いている。検証の結果，企業の研究開発，広告宣伝の活動がともに無形資産の獲得にプラスの影響を与えることがわかった。Pandit et al. (2011) は特許の引用回数にもとづく指標を革新性の代理変数として用い，研究開発投資と特許の革新性には正の相関があることを例証した。

中間成果と最終成果との関係性を取り扱った研究としてGrabowski and Mueller (1978) がある。Grabowskiらは研究開発活動および広告宣伝活動によって企業内に蓄積された無形資産のうち，いずれが企業の利益率に大きく貢献しているかを調査した。無形資産の額は通常の固定資産と同様に，その投資額がいったん資産計上された後に償却されることを仮定して推定された。利益の額についても推定された償却額と整合するように調整を行ったうえで利益率を計算し，研究開発活動がより高い収益率の獲得に貢献していることを示した。Griliches (1986) は研究開発活動によって企業内に蓄積された無形資産と売上高との関係性を調査し，無形資産の蓄積は企業の生産性を向上させること，なかでも基礎研究が生産性向上に大きく寄与することを示した。Gu (2005) は中間成果であるイノベーションの代理変数として，非財務指標である特許の引用回数の変化を用い，将来利益と正の関係があることを発見した。

また最終成果について，利益の水準ではなく変動に焦点をあて，研究開発投資の収益実現に対する不確実性を検証しようとした研究もある。Kothari et al. (2002) は研究開発支出が将来利益の変動に与える影響は，資本的支出のそれよりも3倍大きいことを示した。日本企業を対象にした奥原 (2010) もこれと整合的な結果を得ている。Amir et al. (2007) は，Kothariらが示した結果は研究開発集中度が非常に高い産業に属する企業に限定されることを明らかにした。Ciftci and Cready (2011) は，研究開発集約度と将来利益の変動性との間にある正の関係は企業規模が大きいほど減少する証拠を提示している。

以上の研究からは総じて，研究開発投資は将来の利益と関連性を有するが，変動性（不確実性）が高いということがいえる。つまりSFAS2で費用処理の根

拠となっていた支出・便益の因果関係の欠如については，これに反する証拠が蓄積されてきたと考えられる。ただし将来収益に対する不確実性については支持する研究が多く，今後はどのような状況で不確実性が高まるかについて明らかにしていく必要がある。

② 投資家の反応についての研究

研究開発投資が売上高，利益などの最終成果に結びついているのかについての検証が行われる一方，そのプロセスを投資家がどのように解釈しているかについての研究も盛んに行われている。

Lev and Sougiannis（1996）は営業利益との関係から研究開発投資の償却率を見積もり，研究開発資産を計上，償却した場合の修正利益を計算し，通常どおり費用計上した場合の利益と比較した。回帰分析の結果，同時期の株価，株式リターンをよりよく説明していたのは修正利益の方であった[11]。これは投資家が，意思決定において何らかの方法で利益修正を行っていることを示唆している。Levらのもう1つの発見は，研究開発投資の水準が高い場合，事後的な超過リターンが観察されるということであり，他の先行研究でも同様の現象が報告されている（Penman and Zhang, 2002; Eberhart et al., 2004など）。

この現象の原因として，研究開発集約的な企業に特有のリスク要因を十分にコントロールできていない可能性，または投資家が研究開発投資の成果の見積もりを適切に行うことができず，ミスプライシングされているという可能性を指摘することができる。前者についてChambers et al.（2002）は，研究開発投資の水準と超過リターンの正の関係は，リスクを適切にコントロールしていない結果であることを示した。Gregory and Michou（2009）は，3ファクターモデルに加えて研究開発ファクター（研究開発投資を行ったポートフォリオと行っていないポートフォリオの差）がリスクを説明していることを確認している。

一方，投資家によるミスプライシングの立場を支持するものとしては以下の研究が存在する。Chan et al.（2001）は過去の業績が芳しくない状況において多額の研究開発投資を行う企業は，その投資を市場から割り引いて評価されるという証拠を示した。同様の結果は野間（2005）においても報告されている。

投資家の行う利益修正に関してAli et al.（2012）は，市場参加者は研究開発費の増加がもたらす将来利益の影響を過少に評価していること，同様の現象は情報収集力，分析力に秀でた証券アナリスト[12]の場合でも観察されることを報告している。ミスプライシング仮説は，研究開発投資が発生時に費用処理されている状況では，企業価値の推定のために追加的な情報収集および分析が必要であることが前提となっている。米国の投資家の間で研究開発集約的な企業について，情報の非対称性が存在すること（Aboody and Lev, 2000; Boone and Raman, 2001）はこれを支持する証拠の1つであり，このとき研究開発活動に関連する情報のディスクロージャーによって非対称性は緩和されることが期待される。

　事後的な超過リターンがリスクを表しているのか，ミスプライシングを表しているのかについては現在でも決着をみないが，5年先までの短期的な超過リターンは主にミスプライシングによるもの，長期的なものはリスクによるものとの指摘（Ciftci et al., 2011）もあるなど，両者についてさらなる検証が必要である。

第6節　要　　約

　本章では，研究開発活動の状況および性質を確認したうえで，現在の研究開発の会計基準を検討した。また，これまでどのような観点から研究が行われてきたのかについて整理を行った。

　まず，近年において研究開発活動の重要性が高まってきており，実際にその投資額は世界的に増加する傾向にあることを指摘することができる。また多くの国々において研究開発活動の中心となっているのは企業であり，日本においても研究開発費の総額の約7割程度が企業によるものとなっている。ただし，研究開発により得られた無形資産は，その経済的な性質から将来収益の獲得の不確実性が高く，測定は非常に難しいといえる。そのため米国会計基準，国際

会計基準，日本の会計基準においては，基本的に研究開発費については発生時の費用処理を要求している。この処理によって，企業の資産価値が貸借対照表に正確に表示されていないとの指摘もあり，資産計上または費用処理どちらにすべきかの議論は現在まで続いている。

　この議論と並行して，研究開発活動に関する会計研究は，投資がどのように最終成果である利益，売上高に結びつくかという生産性の観点と投資から最終成果に至るまでのプロセスを証券市場参加者がどのように捉えているのかという観点を中心に展開されてきた。前者については非常に多くの研究成果が提示されており，米国基準の設定根拠であった支出・便益の因果関係の欠如については，両者に因果関係があることをサポートするものが多くなっているものの，将来便益の不確実性は有形資産に比べて高いとの証拠が示されている。ただし研究の進展に伴い，研究開発の性質やそれを行う企業の特性によって不確実性の大きさにバラつきがあることがわかるなど，どのような状況において不確実性が変化するかが明らかとなりつつある。今後は，これまでとは異なった視点から，研究開発投資とその成果の関係の検証を行うことによって，より多角的に両者の関係を捉えることが必要となる。

　またもう一方の研究領域である研究開発活動に対する証券市場の反応に関連して，研究開発支出に対する事後的な超過リターンの解釈には，ミスプライシング仮説とリスク仮説とがあるが，どちらが支配的なのかについては現在でも決着がついていない。これについては，投資家の意思決定プロセスを明らかにしたうえで，想定されるさまざまな状況ごとにいずれの仮説が成立するのかを調査していく必要がある。

　これらの課題をふまえて，第4章から第7章では，研究開発集約的な企業における投資家の意思決定プロセスの特徴を，将来利益予測や情報の非対称性などの観点から調査し，投資家行動を包括的に描写することを試みている。

　また第10章，第11章ではこれまでとは異なった視点から研究開発活動による無形資産を測定し，最終成果である利益率との関係性を調査している。

●注

1　第2節は主に総務省（2016）のデータにもとづいており，総務省は，「研究」を事物・機能・現象等について新しい知識を得るために，または既存の知識の新しい活用の道を開くために行われる創造的な努力および探求と定義している。この定義は，第4節に示される各国会計基準の「研究開発」と同様であるため，「研究開発」という語に統一して用いている。

2　各国内の企業，研究機関，大学，政府の研究所などによって行われる研究開発に関するすべての支出を測定している。国内の研究開発に対する国外からの投資額は含み，国外の研究開発に対する国内からの投資は除いて計算されている。なお，データはhttps://data.oecd.org/rd/gross-domestic-spending-on-r-d.htmより2016年7月2日に入手した。

3　基礎研究とは，「特別な応用，用途を直接に考慮することなく，仮説や理論を形成するため，又は現象や観察可能な事実に関して新しい知識を得るために行われる理論的又は実験的研究」を指す。応用研究とは，「特定の目標を定めて実用化の可能性を確かめる研究や，既に実用化されている方法に関して，新たな応用方法を探索する研究」をいう。また開発研究とは，「基礎研究，応用研究及び実際の経験から得た知識の利用であり，新しい材料，装置，製品，システム，工程等の導入又は既存のこれらのものの改良を狙いとする研究」をいう（総務省，2016）。

4　研究，開発の定義は日本の基準に比べて，米国会計基準，国際会計基準の方がより限定的であるといえる。たとえば国際会計基準では，研究を単なる新しい知識の発見ではなく，「科学的又は技術的な」知識である点を明示している。また米国会計基準では，目的とする新しい知識の発見が，「新しい生産方法や技術の開発あるいは既存の製品等や生産方法等の著しい改良に役立つことが期待される」ことを要件として明示している。

5　審議会は，研究開発費が発生した時点における4つの代替的な会計処理方法を考え検討を行っていた。
　① すべての額を発生時の費用とする。
　② すべての額を発生時の資産とする。
　③ 特定の条件が満たされた額を資産とし，それ以外の額を費用とする。
　④ 将来の収益となるのが確定するまで，特別な勘定ですべての額を累積する。

6　開発から生じた無形資産は，企業が次のすべての要件を立証できる場合に限り，資産として認識しなければならない（IAS38. par. 57）。
　(a) 使用または売却できるように無形資産を完成させることの技術上の実行可能

性
(b) 無形資産を完成させ，さらにそれを使用または売却するという企業の意図
(c) 無形資産を使用または売却できる能力
(d) 無形資産が可能性の高い将来の経済的便益を創出する方法（とりわけ，企業は無形資産からの産出物，または無形資産それ自体の市場の存在を，あるいは無形資産を内部で使用する予定である場合には，無形資産の有用性を立証しなければならない。）
(e) 無形資産の開発を完成させ，さらにそれを使用または売却するために必要となる，適切な技術上，財務上およびその他の資源の利用可能性
(f) 開発期間中の無形資産に起因する支出を，信頼性をもって測定できる能力
　なお2007年度のアニュアルレポートを対象にした調査（企業会計基準委員会，2008）では，製薬，食品・飲料，化学に属する企業は開発支出を費用処理しているのに対し，自動車業界に属する企業は開発支出の相当程度（29％から35％）を資産計上していることが明らかとなっている。

7　これらの項目のうち「研究開発費等に係る会計基準」によって費用処理されるべき研究開発の定義が明確となったが，次の要件を満たすものについては開発費として繰延資産計上することが容認されている（企業会計基準委員会，2006）。ここでの開発費とは，新技術または新経営組織の採用，資源の開発，市場の開拓等のために支出した費用，生産能率の向上または生産計画の変更等により，設備の大規模な配置替えを行った場合等の費用をいう。

8　ただし企業結合によって取得した仕掛中の研究開発費については費用処理の例外である。研究開発の途中段階にある未完成の成果を，企業結合によって取り入れた場合，資産としての識別が可能であれば，企業結合時の時価で評価して資産計上を行うこととされている。

9　2015年度の企業の研究費全体に占める割合は，人件費（43.3％），原材料費（14.3％），有形固定資産購入費（7.9％），無形固定資産購入費（1.0％），リース料（0.5％），その他の経費（33.1％）であり，この構成比は過去5年にわたって大きな変化はない（総務省, 2016）。

10　使用される研究開発費の額がどのように決定されるかも重要な研究領域であるが，本章ではレビューに含めていない。この領域には，研究開発予算がどのように決定されるかについての研究（たとえば後藤ほか, 2002; 岡室, 2005）と予算決定後，期中に行われる裁量行動（たとえばBrown and Krull, 2008）の研究が含まれる。また研究開発税制についての研究も本章では扱われていない。

11 Aboody and Lev (1998) では，ソフトウェア産業において研究開発の資産化と費用計上が同時に認められる状況に着目し，資産化した方が投資家にとって有用な情報となることを示した。

12 アナリストは，研究開発集約度が高く情報の非対称性が存在する状況では，より収益性の高い助言を行うことができると考えるため，集約度の高い企業は多くのアナリストがフォローしている（Barth et al., 2001）。またアナリストはその推定に際して私的情報をより多く用いていることを示す証拠もある（Barron et al., 2002）。

第3章 研究開発集約企業の財務的特徴

第1節 はじめに

　本章の目的は，研究開発活動に多額の投資を行う企業が，どのような財務的特徴を有しているのかを明らかにすることにある。

　企業は事業を行うにあたってまず資金調達を行い，続いて製造業ならば原材料の仕入れに続き製品の製造，非製造業であれば商品の仕入れを行い，それらを販売し代金を回収するという営業循環を繰り返して営業活動を継続していく。研究開発活動によって，新しい知識を発見し，生産方法や提供する財やサービスを改良することができれば，営業循環のさまざまな段階に影響を与えることが想定される。たとえば，新たな製法が改良されれば，製造工程に影響を与えコストの削減につながったり，他企業にない新機能を搭載した製品が開発されれば，競争優位の獲得によってより高い売上を達成することができる。つまりその他の条件を一定とすると研究開発集約企業の収益率は他の企業に比べて高い水準にあることが考えられる。

　また研究開発の投資額は企業にとって少なくない支出であり，継続して研究開発活動を行うためには，安定した資金調達が必要となる。しかし，研究開発活動はいつ，どれだけの額が将来収益に結びつくかが不確実であり，その成否

に応じて利子などの金融費用の支払いが難しくなる可能性がある。そのような場合に備えるためには，企業内に多くの現金を有している必要があるかもしれない。

このように研究開発集約的な企業は，そうでない企業と比べていくつかの点で財務的な特徴を有していると考えられる。そこで本章では，研究開発投資が盛んな8業種について，企業の資金調達の様子を表す指標として安全性に，生産・販売の様子を示す指標として収益性に着目し，研究開発集約的な企業の財務的特性を明らかにする。

本章の構成は以下のとおりである。第2節では，業種ごとの研究開発支出のあり方を確認するため，研究開発費/売上高の分布を概観する。第3節では，企業の資金調達に関係する指標として，債務返済能力を検討する。第4節では，収益力に焦点をあて，研究開発集約度と収益性の関係を分析する。なお，本章で用いている財務データは日経NEEDS Financial QUESTから入手した。

第2節 研究開発集約度の業種別の分布

本章では研究開発集約的な企業の財務的特徴を明らかにするために，さまざまな財務特性を研究開発集約度の高低にもとづいて観察する。集約度として一般に用いられるのが，研究開発費の額を売上高で割ったものである[1]。本章ではこの数値を企業の研究開発集約度の指標として用いている。

第2章では，業種ごとの研究開発集約度を確認したが，ほとんど研究開発投資を行っていない業種が非製造業を中心に存在していた。研究開発費/売上高を16年間プールしたものの平均値（図表2－4）に着目すると1％に満たない業種が，鉱業，建設，食品，パルプ・紙，鉄鋼，商社，小売業，不動産，鉄道・バス，陸運，海運，空運，倉庫，通信，電力，ガス，サービスであった。1％以上2％未満は，水産，繊維，石油，非鉄金属製品，造船，輸送用機器，その他製造の各業種であり，2％以上の産業は，化学，医薬品，ゴム，窯業，機械，

第３章　研究開発集約企業の財務的特徴

電気機器，自動車，精密機器の８つとなっている。以下では研究開発投資の多寡によって，企業の財務比率にどのような影響が出てくるのかを検討するため，研究開発集約度の高い８つの業種に注目して分析を進める。積極的な研究開発投資を行う８業種であっても，業種内における集約度の分布は異なる。

　図表３－１は2000年度から2015年度に東証一部に上場している企業のうち，研究開発集約度の高い８業種（化学，医薬品，ゴム，窯業，機械，電気機器，自

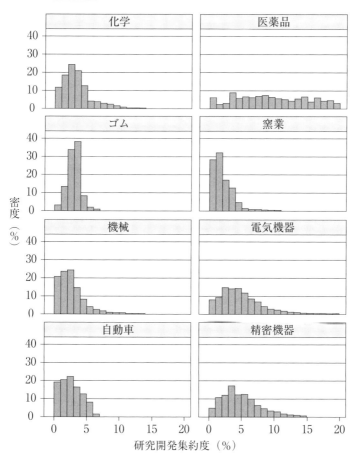

図表３－１　業種別の研究開発費/売上高のヒストグラム

33

動車,精密機器)について,16年分の研究開発集約度をプールし,その分布をヒストグラムで表したものである。

図表3－1から,医薬品が非常に広い範囲にわたってほぼ均等に分布しているのが目を引く。多くの業種の分布がおおよそ10％までに収まり,かつ左に偏っているのとは対照的である。これは,医薬品では,研究開発をあまり行わないことをあえて選択している企業があるためであると考えられる。たとえばジェネリック医薬品を製造する企業では,自ら新薬を開発する企業に比べて,研究開発投資を低く抑えることによる,価格優位性の獲得を目的としている。医薬品と並んで機械,電気機器,精密機器が分布の範囲が広く,業種内での研究開発投資の積極性にバラつきがあることがわかる。

また,分布の集中に注目すると,ゴムについては2～4％に分布の7割,窯業については0～2％に6割が集まっており,業種内でほぼ同様の水準の研究開発投資が行われる傾向があることがわかる。

第3節　研究開発集約企業の資金調達

企業活動の最初のステップは資金調達である。研究開発集約的な企業は,多額の投資を継続して行う必要があり,それに対応して資金調達を行う必要がある。また長期的に安定した資金調達を可能にするためには,短期の債務を返済する能力があるか,返済の必要な負債をどれほど有しているのか,固定資産を長期的な資金で賄うことができているのか,利息等の金融費用の支払いをできるのかが重要となる。本節ではこれらの観点を,当座比率,負債比率,固定長期適合率,インタレスト・カバレッジ・レシオをもとに検討する。

なお,以下では各指標について,業種別の時系列推移を確認したのち,年度×業種ごとの研究開発集約度に従ってサンプルを分割したものの結果を示している。図表のグループ番号は,最も研究開発集約度の低いグループ1から最も高いグループ5までを表している。

(1) 当座比率

まず短期の債務返済能力を検討するために，当座資産を流動負債で除して計算される当座比率をみてみよう。当座比率が100％のとき，すべての当座資産を用いれば，流動負債を返済できることを意味し，この数値が高いほど債務返済能力は高いといえる。図表３－２は，産業ごとの当座比率の推移を示している。

各業種ともおおよそ連動した動きを示しており，2000年度から当座比率は増加の傾向を見て取ることができ，短期間における債務の返済能力は向上しているといえる。医薬品，電気機器が高い水準にあり，機械，精密機器，化学，窯業，ゴムがそれに続き，自動車が最も低い当座比率水準となっている。

また図表３－３の平均値および中央値からは，研究開発集約度が高くなるに従い当座比率が高くなる傾向が確認できる。このことは，研究開発投資に積極

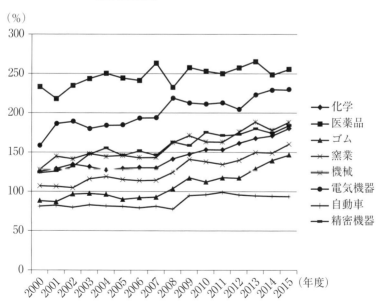

図表３－２ 当座比率の時系列推移

図表3-3 当座比率（研究開発集約度別）

集約度	N	平均値	標準偏差	第1四分位値	中央値	第3四分位値
1（低い）	2,067	149.1	124.5	80.3	112.5	165.7
2	2,011	145.4	123.9	80.0	114.4	162.7
3	2,019	164.9	153.3	83.7	117.7	184.1
4	2,011	156.1	114.5	82.0	119.3	191.7
5（高い）	1,964	204.7	172.9	97.0	149.6	241.1
全体	10,072	163.7	140.9	83.6	120.7	186.8

的な企業ほど，流動負債を返済するのに十分な当座資産を有していることを示している。

(2) 負債比率

次に負債比率の分布の様子を確認する。負債比率は他人資本を自己資本で除することによって求められ，自己資本より他人資本が大きいとき100％を上回り，自己資本より他人資本が小さいとき100％を下回る。他人資本は自己資本に比べて返済の優先度が高いことから，他人資本を上回る額が自己資本によって調達され，資産として確保されていれば，他人資本の返済の必要性という観点からは安全性が高いと考えられる。つまりは，自己資本が他人資本の額を上回っている状態である100％以下の負債比率が安全といえる。

図表3-4からは，負債比率は年々減少していることがわかる。また医薬品が際立って低く，自動車が高い負債比率を有しているが，それ以外の業種ではここ数年おおよそ100％前後で推移している。

図表3-5の平均値または中央値からは，研究開発集約度が高くなるに従い負債比率が低くなる傾向が確認できる。このことは，研究開発投資に積極的な企業ほど，自己資本による資金調達を増やしていることを示している。

第3章　研究開発集約企業の財務的特徴

図表3-4　負債比率の時系列推移

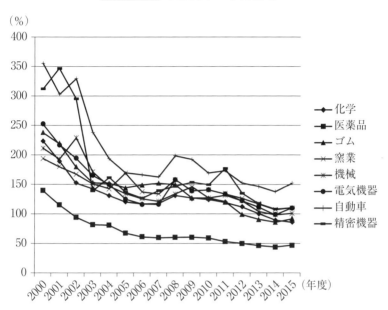

図表3-5　負債比率（研究開発集約度別）

集約度	N	平均値	標準偏差	第1四分位値	中央値	第3四分位値
1（低い）	2,067	171.5	287.8	61.0	112.0	188.3
2	2,011	161.1	199.1	61.0	110.7	194.1
3	2,019	133.2	185.5	48.2	94.9	164.7
4	2,011	133.9	215.4	42.1	89.0	159.5
5（高い）	1,964	103.7	171.5	33.8	65.7	127.1
全体	10,072	141.0	217.6	46.5	94.1	166.0

(3)　固定長期適合率

　次に長期的な源泉から調達できる資金（自己資本，固定負債）によって，長期的に保有する資産（固定資産）を賄うことができているかについて，後者を

前者で割った固定長期適合率をもとに検討する。固定長期適合率が100%のとき固定資産への投資はすべて長期資金によって行われていることを示しており，この比率が小さいほど固定資産と長期資金の関係は良好であると判断される。

図表３－６からは，固定長期適合率は年々減少していることがわかる。自動車が最も大きな値を有しており，それ以外の業種は２つのグループ（2015年では70%と55%付近）に分かれて推移している。2003年度以降，いずれの業種の固定長期適合率も100%を下回り，長期的に調達できる資金によって，固定資産が賄われている。

図表３－７の平均値または中央値からは，研究開発集約度が高くなるに従い固定長期適合率が低くなる傾向が確認できる。これは研究開発投資に積極的な企業ほど，長期的な源泉からの資金調達を行っていることを示している。

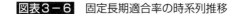

図表３－６ 固定長期適合率の時系列推移

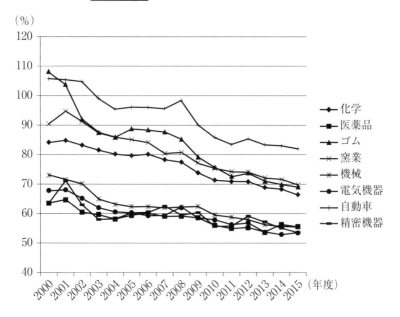

図表3-7 固定長期適合率（研究開発集約度別）

集約度	N	平均値	標準偏差	第1四分位値	中央値	第3四分位値
1（低い）	2,067	72.5	33.0	50.8	68.6	88.1
2	2,011	71.3	26.7	52.8	68.5	86.0
3	2,019	68.3	25.7	50.2	66.1	83.5
4	2,011	68.3	25.2	50.3	65.1	82.6
5（高い）	1,964	61.7	21.7	47.4	60.1	73.7
全体	10,072	68.5	27.0	50.4	65.1	82.8

(4) インタレスト・カバレッジ・レシオ

インタレスト・カバレッジ・レシオは，利息等の金融費用を支払うのに十分な利益を上げることができているのかを判断するために，金融収益を加算した事業利益を金融費用（支払利息，社債利息の合計）で割って求められる指標である。この指標が1倍を超えるとき，少なくとも事業利益によって金融費用を支払うことができる状態であることを示している。

図表3-8から，インタレスト・カバレッジ・レシオは2008年のリーマン・ショック周辺の時期を除いて増加の傾向を示している。医薬品が突出して高い水準にあり，その他の業種の多くは100倍を下回る水準で連動している。

図表3-9の平均値または中央値からは，研究開発集約度が高くなるに従いインタレスト・カバレッジ・レシオが高くなる傾向が確認できる。このことから，研究開発投資に積極的な企業ほど，金融費用を上回るより多額の利益の獲得が可能となっていることがわかる。

図表3-8 インタレスト・カバレッジ・レシオの推移

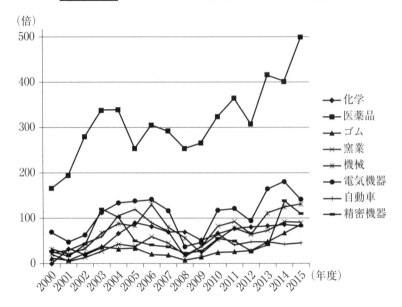

図表3-9 インタレスト・カバレッジ・レシオ（研究開発集約度別）

集約度	N	平均値	標準偏差	第1四分位値	中央値	第3四分位値
1(低い)	2,067	81.1	260.4	4.0	11.8	37.5
2	2,011	85.9	290.4	5.1	13.9	42.2
3	2,019	92.9	277.5	5.1	16.3	53.0
4	2,011	88.1	261.3	5.3	15.5	51.8
5(高い)	1,964	124.8	350.5	5.1	20.7	67.5
全体	10,072	94.3	289.8	4.8	15.0	49.7

第3章 研究開発集約企業の財務的特徴

第4節 研究開発集約企業の利益率

(1) ROA

　研究開発活動の成果は本業からの利益である事業利益に現れると考えられる。そこでまずは企業が所有するすべての資産を用いてどれほど効率的に事業利益を上げているかをROA（＝事業利益/総資本）をもとに確認する。もし研究開発活動によって，資産を有効に活用し，より効率的に利益を上げることに成功しているのであれば，研究開発集約度が高ければROAも高くなるという傾向が観察されると考えられる。

　図表3-10からは，ROAが時系列で一貫して増加（減少）しているという傾向はみられない。ただし，業種ごとの動きはおおよそ連動しており，企業業績

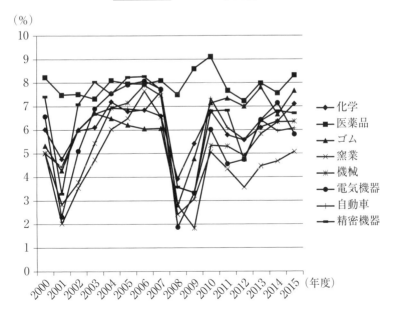

図表3-10　ROAの時系列推移

41

図表3-11 ROA（研究開発集約度別）

集約度	N	平均値	標準偏差	第1四分位値	中央値	第3四分位値
1(低い)	2,067	5.840	5.098	2.760	4.990	8.090
2	2,011	5.756	4.845	2.930	5.180	8.080
3	2,019	6.207	4.984	3.080	5.490	8.690
4	2,011	5.947	5.020	2.840	5.400	8.670
5(高い)	1,964	5.896	5.753	2.680	5.690	8.910
全体	10,072	5.929	5.148	2.860	5.310	8.475

にはマクロ経済要因が大きな影響を及ぼしていることが推察される。医薬品が最も高く，窯業が最も低いという傾向はあるものの，各業界のROAの水準は大きく変動している。

図表3-11の中央値からは，研究開発集約度が高くなるに従いROAが高くなる傾向が確認できる。ただし，この関係は平均値をもとにした場合には明確ではなく，必ずしも研究開発投資に積極的な企業ほど，高い収益率の獲得が可能となっている傾向があるわけではないことを示している。

(2) ROAの2分解

ROAは分解によって，売上高事業利益率（＝事業利益/売上高）と売上高回転率（＝売上高/総資本）の2つの部分に分解されることが知られている。前者は，競争優位獲得の結果得られる利ざやの大きさを表し，後者は営業循環を1年の間に何回繰り返すことができるのかを示している。各部分を比較することによってどのような原因でROA水準が決定されているのかがわかる。以下では，売上高事業利益率と売上高回転率について検討している。

図表3-12は売上高事業利益率の時系列推移を示している。ここから売上高事業利益率が時系列で一貫して増加（減少）しているという傾向はみられない。売上高事業利益率の動きは，おおよそROAと同様であるといえる。医薬品の水準の高さは突出しており，ROAのときよりも他業種と比べたその高さは顕

第3章　研究開発集約企業の財務的特徴

著である。その他の業種については，これもROAの場合と同じように，時系列で連動している。

図表3-13の平均値または中央値からは，研究開発集約度が高くなるに従い売上高事業利益率が高くなる傾向が確認できる。このことから，研究開発投資

図表3-12　売上高事業利益率の時系列推移

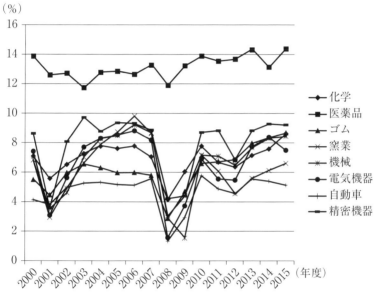

図表3-13　売上高事業利益率（研究開発集約度別）

集約度	N	平均値	標準偏差	第1四分位値	中央値	第3四分位値
1（低い）	2,067	6.271	6.047	2.900	5.220	8.320
2	2,011	6.395	5.802	3.180	5.690	8.840
3	2,019	7.289	6.528	3.530	6.300	9.980
4	2,011	7.173	6.630	3.370	6.210	10.030
5（高い）	1,964	7.834	8.631	3.585	7.230	11.865
全体	10,072	6.985	6.811	3.270	5.990	9.700

に積極的な企業ほど，他社との競争優位を築くことができ，結果として高い利益率の獲得が可能となっていることがわかる。

最後に，売上高回転率の時系列推移をみてみよう。図表３－14からは，売上高回転率が時系列で一貫して増加（減少）しているという明確な傾向はみられない。水準に着目すると自動車が突出して高く，先の売上高事業利益率の低さを回転率でカバーしていることがわかる。逆に医薬品は，高い売上高事業利益率と低い売上高回転率という組合せになっており，両業界の利益構造の違いが明確になっているといえる。

図表３－15の平均値または中央値からは，研究開発集約度が高くなるに従い売上高回転率が低くなる傾向が確認できる。さきの売上高事業利益率の分析とあわせると，研究開発投資に積極的な企業ほど，他社との競争優位を築くことによって売上高事業利益率を高めることができるが，売上高回転率については下がる傾向があることがわかる。

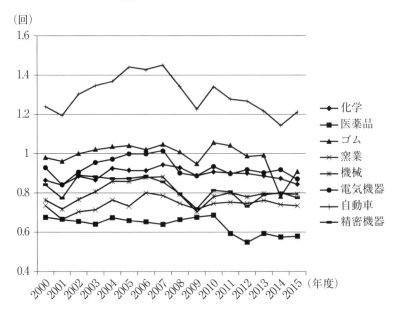

図表３－14 売上高回転率の時系列推移

第3章 研究開発集約企業の財務的特徴

図表3－15 売上高回転率（研究開発集約度別）

集約度	N	平均値	標準偏差	第1四分位値	中央値	第3四分位値
1(低い)	2,067	0.995	0.419	0.761	0.941	1.166
2	2,011	0.931	0.315	0.752	0.886	1.056
3	2,019	0.901	0.333	0.715	0.861	1.037
4	2,011	0.882	0.317	0.675	0.852	1.054
5(高い)	1,964	0.784	0.298	0.577	0.777	0.959
全体	10,072	0.900	0.347	0.699	0.866	1.057

第5節 要　約

　本章では，研究開発集約的な企業の特徴を財務の点から検討した。ただし研究開発投資の積極性は，年度，業種によって異なるため，これを考慮した積極性の程度に基づき5つのグループを作成し，各グループの財務上の特徴を比較した。

　研究開発投資の水準が高いグループほど債務の返済能力が高いこと，長期にわたって借り入れることができる資金を使って固定資産を調達している傾向があることが明らかとなった。これらの結果は，予想されたとおりである。

　また利益率の観点からは，研究開発集約的な企業の方がROA水準は高くなるという明確な関係は見出されなかった。その原因を探るべく行った利益率分解の結果からは，まず研究開発集約的な企業の方が商品・サービスの1単位当たりの儲けの幅である利ざやが大きいことがわかった。そして，1会計期間に営業循環を何回転させることができたのかを示す売上高回転率は，研究開発集約度が高いほど低くなるという傾向が確認された。つまり研究開発活動は，売上高回転率を低下させるが，それを上回るだけ売上高事業利益率を増加させることができてはじめて，結果的に高いROA水準となることが示された。

●注
1　多くの企業は中期計画などにおいて将来の研究開発への投資額を示す際に,「売上高の何％を研究開発費に充てる」旨の記述をしていることが多く,売上高を基準として研究開発費の額を決定していると考えられる。

第4章 研究開発費情報と将来利益予想

第1節 はじめに

　研究開発活動についての会計基準が公表された2000年前後を境に，多くの新しい会計基準が設定され今日に至っている。本章では，これら会計基準のなかで，研究開発費情報が将来利益予想にどのような影響を与えているのかを中心に，投資家の将来利益予想の困難性について検討する。

　2010年4月以後に開始する年度の年度末から，連結財務諸表において，これまでの純利益に加えて包括利益が表示されることとなった。純利益を主たる利益指標としてきた日本にとってインパクトの大きな基準改定であった。この基準改定は，国際会計基準審議会（International Accounting Standard Board: IASB）の設定する国際財務報告基準（International Financial Report Standard: IFRS）や米国財務会計基準審議会（Financial Accounting Standards Board: FASB）による基準との調整を図るためのものである。

　2016年現在，IFRSは140を超える国と地域で採用または容認され，その数は今後も増加すると考えられる。会計基準の国際化はIASBとFASBを中心として行われており，公益に資するよう，高品質で世界的に認められた（globally accepted）会計基準の開発を目指すことが明言されている。日本も2007年8月

にIFRSへのコンバージェンスを決定しており，順次IFRSとの差異を解消する作業を行ってきた。これらの作業と並んで，日本企業にIFRSを強制適用するか否かを検討してきたが，2012年7月に公表された「国際会計基準（IFRS）への対応のあり方についてのこれまでの議論（中間的論点整理）」において次のような方針が示された。すなわち，任意適用の積上げを図りつつ，IFRS適用のあり方については，その目的や日本の経済や制度などにもたらす影響を十分に勘案し，最適な対応を検討すべきであるというものである。日本は国際的な会計基準の導入または収斂への渦中にある。

　新しい会計基準の導入によって，それまでの会計処理やその表示方法が変更されることになり，同様の経済的取引であっても，基準変更の前後ではそれを描写した会計数値が異なるため，会計情報利用者にとって基準変更の影響は大きなものとなる。特に国際会計基準は資産負債アプローチを基本スタンスとしているといわれており，これまでの日本の収益費用アプローチによる会計基準にもとづいて作成される会計情報とはその質が異なってくると考えられる。そこで本章では会計情報利用者のなかでも投資家の立場から，近年の基準変更によって将来利益の予測可能性にどのような影響が生じているのかを検討している。

　本章の構成は以下のとおりである。まず第2節では，日本における会計基準の変更の概要と基準変更が証券市場に与えた影響についての先行研究を確認し，加えてこれら一連の会計基準の背後にある利益測定のアプローチについて述べる。第3節では，2つの検証課題と検証に用いるモデルを提示する。第4節では，使用するサンプルの抽出条件とその基本統計量を，第5節では回帰分析による結果を示す。第6節では，得られた主要な結果と今後の課題を述べている。

第2節 先行研究

(1) 日本における会計基準の国際化

2000年前後から現在に至るまで,わが国の会計基準は大きく変動している。特に1999年度,2000年度における会計基準変更は非常に大きなものであり,会計ビッグバンともよばれる。図表4－1は2010年までの主な会計基準の変更をまとめたものであり,1999年4月から適用された「連結財務諸表原則」の改定,

図表4－1 近年の主な会計基準の変更

原則適用 開始年月日	基準名
1999/ 4 / 1	連結財務諸表原則の改定
	研究開発費等に係る会計基準
	税効果会計に係る会計基準
	連結キャッシュ・フロー計算書の作成基準
2000/ 4 / 1	退職給付に係る会計基準
	金融商品に係る会計基準
2005/ 4 / 1	固定資産の減損に係る会計基準
2005/ 5 / 1	貸借対照表の純資産の部の表示に関する会計基準
	株主資本等変動計算書に関する会計基準
	ストック・オプション等に関する会計基準
2006/ 4 / 1	企業結合に係る会計基準
2008/ 4 / 1	棚卸資産の評価に関する会計基準
	リース取引に関する会計基準
2010/ 4 / 1	工事契約に関する会計基準
	持分法に関する会計基準
	セグメント情報等の開示に関する会計基準
	資産除去債務に関する会計基準
	包括利益の表示に関する会計基準

「研究開発費等に係る会計基準」をはじめとして，2000年4月からは退職給付，金融商品についての会計基準などが適用されている。基準変更の影響は大きく，たとえば「金融商品に係る会計基準」によって，京セラは大株主として保有するKDDIの株価下落の影響を受け，評価損によって株主資本を356億円減らすなど，3月本決算企業の2社に1社が保有する持ち合い株式の時価評価によって評価損を計上している（日本経済新聞2002年3月22日朝刊）。これら一連の動きは国際会計基準と米国会計基準の影響を受けて行われており，その流れは現在も続いている。

一連の会計基準変更が企業経営に与えた影響について，須田（2004）では新会計基準と証券市場との観点から3つの調査を行っている。まず利益情報と資産情報の株価関連性の調査（薄井，2004）からは，クリーン・サープラス関係を保持する基準変更前のわが国会計基準のもとでは会計情報が有用性を持つことが示された。次に新会計基準設定の前後においてビッド・アスク・スプレッドがどのように変化しているのかを検討した音川（2004）では，2000年5月以降の期間からビッド・アスク・スプレッドの水準が大きく低下していることが観察され，これは新会計基準設定後に情報の非対称性や市場の流動性が改善したと解釈することができる。また8つの新会計基準公表と株価変動の関係を調査した乙政・音川（2004）では，研究開発費会計基準の公表日周辺では有意な株価下落が，税効果会計基準の公表日周辺では有意な上昇が観察され，変更された基準のなかでもこれらの影響が大きいことが示された。このように会計基準が変更されれば，経済的な実態は変化していないにもかかわらず，集約的な会計情報である当期利益の額や開示される情報の種類が変化することなどから，投資家の意思決定に影響を与えることがわかる。

(2) 利益の測定方法とその性質

国際会計基準の導入が，日本の会計基準や会計実務に大きな影響を与えると考えられるのは，両者の会計観が異なるためである。国際会計基準は資産と負債の差額として計算される企業の純資産の増減分を利益（または損失）とする

資産・負債アプローチによっており，そこから導かれる利益は包括利益となる。これに対し，日本の会計基準は発生した費用と実現した収益の対応関係から，両者の差額として利益を算定する収益・費用アプローチを採用しており，純利益を利益指標の中心としている。

　資産・負債アプローチにおいて利益計算を行うためには，資産および負債の価値評価を適正に行う必要がある。包括利益の算定には市場価格をはじめとした公正価値が用いられるため，包括利益は純利益よりも透明性が高く，経営者による利益調整の影響を受けにくくなるかもしれない。また市場価格に将来キャッシュ・フローを予測するために有用な情報が含まれているとするならば，包括利益は純利益よりも優れた業績評価尺度だと考えることができる。一方，利益数値に時価情報が反映されることから，利益の変動が大きくなり，それによって将来利益の予測可能性が低くなることも想定される（若林，2009）。

　収益・費用アプローチは，期間損益計算が実現原則と対応原則によってなされていることから，費用および収益の計上に，経営者の見積りによる部分，つまりは経営者の裁量が反映される部分が存在する。ただし経営者による裁量は，必ずしも機会主義的な目的で行われるのではなく，企業内部および所属する業界について熟知している経営者によって，利害関係者の意思決定に有用な情報が提供される可能性もある[1]。このように理論的な考察からはどちらの利益指標が優れているのかを判断することは難しく，実証的な証拠の蓄積が重要となる[2]。

　先に述べたように国際会計基準および米国会計基準はともに資産・負債アプローチに依拠している。そのため国際的調和の観点から日本において新設・改正された一連の会計基準は，たとえば期末において金融商品の時価評価に代表されるように，資産・負債の額を適正に測定するという資産・負債アプローチの影響を受けている。ただし今日までわが国では当期純利益を利益概念として用いており，基準変更がなされるにしたがって次第に資産・負債アプローチを反映した利益計算が行われるようになってきているといえる。

(3) 予測価値と利益の質

　利害関係者の意思決定にとって有用な情報となるため，会計情報が備えるべき質とはどのようなものだろうか。FASBは会計基準検討の際の基本方針となる概念フレームワークのなかで，会計情報がもつべき要素としてフィードバック価値と予測価値を挙げている。フィードバック価値とは，会計情報が過去の意思決定の結果の確認やその訂正において役に立つことを，予測価値とは，意思決定者の将来予測において有用となることをそれぞれ指す。ただし過去の行動の結果についての情報があれば，将来に起こる類似した行動についての結果を予測する能力も改善されることから，これら2つの価値は完全に独立したものではないと考えられる（FASB, 1980）。IFRSの「財務諸表の作成及び表示に関するフレームワーク」，日本の企業会計基準委員会の討議資料「財務会計の概念フレームワーク」においても，ほぼ同様の価値の重要性が述べられている。

　代表的な会計情報である利益に関して，これら価値を実現すると考えられる具体的な項目として，先行研究ではさまざまな指標が考案されている。情報の利用者およびその利用状況によって利益に求められる質は異なるため，多くの利益の質の代理変数が存在する（Dechow et al., 2010）。たとえば利益の質が投資家に与える影響としてFrancis et al.（2004）では資本コストと利益に関する7つの特性（会計発生高の質，持続性，予測可能性，平準化の程度，価値関連性，適時性，保守主義の程度）との関連性を調査し，そのうち前者4つの利益の質が資本コストに大きな影響を与えることを示した。またRajgopal and Venkatachalam（2011）は，米国企業を対象にFama and French（1993）の方法によって調整した超過リターンの変動（idiosyncratic volatility）が利益の質（ここでは異常会計発生高）と関連性があるかを調査した。両者の関係から，近年の超過リターンのボラティリティの増加は，会計利益の質の低下と関係していることが報告されている。多くの先行研究によって会計利益の質が投資家の意思決定に与える影響が大きいことが示されている。

　収益・費用アプローチから資産・負債アプローチへの移行が進んでいる日本

においても，利益の質が変化してきていることが考えられる。若林（2009）では純利益と包括利益ではどちらが優れた業績指標であるかについて持続性，将来キャッシュ・フローの予測可能性，投資リスクの評価，価値関連性，利益調整という観点から実証的に分析している。持続性と将来業績に対する予測可能性という観点からは，おおむね純利益の方が包括利益よりも優れていることが示された。また包括利益と純利益ではどちらが業績指標に対する経営者の利益調整行動が顕著であるかを調査し，純利益のみが経営者の利益調整行動にさらされていることを発見している。

本章では会計情報に期待される2つの価値のうち，予測価値，特に投資家による将来予測に焦点をあてる。次節に示すように，株式リターンに反映されている将来利益についての投資家の期待を観察することによって，投資家がその意思決定にどれほど利益情報を織り込んでいるかを検討していく。

第3節 利益の予測可能性の測定と実証モデル

(1) 株式リターンに含まれる期待利益情報

投資家が，その意思決定に際して，どれほどうまく将来利益を予測できているのかは外部からはわからない。そこでLundholm and Myers（2002）は，Collins et al.（1994）で提示されたモデルをもとに，現在の株式リターンに前期，当期，将来の利益情報がどのように反映されているかを測定し検証に用いた。Collinsらの提示したモデルの基本的な考え方は，当期の株式リターンは，当期利益に対する期待外の部分と将来利益についての期待変化部分とによって構成されるというものであり，以下のように示される。

$$R_t = \alpha_0 + \alpha_1 X_{t-1} + \alpha_2 X_t + \sum_{i=1}^{3}(\alpha_{3i} X_{t+i} + \alpha_{4i} R_{t+i}) + \varepsilon_t \qquad \cdots\cdots ①$$

R_tおよびR_{t+i}は，それぞれt期および$t+i$期の配当込みの年次株式リターンを表している。X_{t-1}，X_t，X_{t+i}は，それぞれ$t-1$期，t期および$t+i$期の当期純利益を示している。またε_tは誤差項を示している。

　当期純利益に対する期待外の部分がX_{t-1}とX_tによって，将来利益に対する期待の変化部分がX_{t+i}とR_{t+i}とによって表されている。期待外の部分をX_{t-1}とX_tという2変数で表現することによって，過去に形成された当期利益の期待値を柔軟に示すことができる。たとえばX_{t-1}とX_tの符号が逆でその絶対値が等しいとき利益の期待値はランダム・ウォーク過程を，X_{t-1}が0であればホワイト・ノイズ過程を表わすことができる。

　将来利益については，先行研究をもとに投資家が意思決定の際に考慮に入れる期間を3期先までとしている。また将来利益の期待値$E_t(X_{t+i})$の代理変数として将来の実現利益X_{t+i}を用いているが，その中には測定誤差が含まれていることに注意が必要である。つまり両者の関係は$E_t(X_{t+i}) = X_{t+i} + UE_{t+i}(X_{t+i})$（ただし，$UE_{t+i}(X_{t+i})$は期待形成時には予期していなかった期待外の部分で測定誤差となる）と表すことができ，検証にあたっては測定誤差の部分をコントロールする必要がある。将来の株式リターンがその役割を果たすが，これは測定誤差とは将来利益予想についての期待外部分であり，それが将来期間において株価変化をもたらすと考えられるためである。

　このように将来利益の変数を回帰式に含めることによって，当期リターンに含まれる将来利益の大きさを測定することができる。ここで予想される符号は前期利益の係数がマイナス，当期利益がプラス，将来利益の係数（以下，将来利益反応係数とよぶ）がプラス，将来株式リターンがマイナスとなり，投資家が将来利益情報を意思決定に多く反映させることができているかは将来利益反応係数を観察することによってわかる。たとえばLundholm and Myers (2002)は，積極的なディスクロージャー活動を行っている企業ほど，投資家は将来利益予想を行いやすくなっていると考え，充実した情報開示を行っている企業の方がそうでない企業に比べて大きな将来利益反応係数を持つことを示している。

(2) 実証モデル

　国際的な会計基準の導入によって，日本の会計基準は段階的に資産・負債アプローチの影響を強めていると考えられるが，これら会計基準の導入によって，投資家による将来利益予測の困難性は変化しているのだろうか。このことについて本章では2つの検証を行っている。

　1つ目はここ10数年ほどの利益予測の困難性の推移について概観するため，将来利益反応係数の時系列の変化をみるものであり，Lundholm and Myers (2002) をもとに以下のような回帰式を用いて分析する。①式では将来期間の利益と株式リターンは個別に表されていたが，本章では各々将来3期分をまとめた数値を使用している。分析にあたっては先行研究をもとに将来利益反応係数に影響を与えると考えられる3つの項目をコントロール変数として加えている[3]。まず将来期間のマイナスの利益の個数 NEG であるが，これはマイナスの利益の方がプラスの利益より将来予測が困難であるとの理由から含められており，マイナスの係数が予想される。次に将来業績に自信がある成長率 $GROWTH$ の大きな企業ほど積極的な情報開示を行うとされ，利益予想が容易となることからプラスの係数が予想される。将来利益の変動 $EARNSTD$ はこれが大きい企業の将来利益予測ほど困難であり，将来利益反応係数にマイナスの影響を与えることからコントロール変数として含められている。

$$\begin{aligned}R_t =\ & \beta_0 + \beta_1 X_{t-1} + \beta_2 X_t + \beta_3 X3_t + \beta_4 R3_t \\ & + \beta_5 YEAR_t + \beta_6 YEAR_t * X_{t-1} + \beta_7 YEAR_t * X_t + \beta_8 YEAR_t * X3_t + \beta_9 YEAR_t * R3_t \\ & + \beta_{10} NEG_t + \beta_{11} NEG_t * X3_t + \beta_{12} GROWTH_t + \beta_{13} GROWTH_t * X3_t \\ & + \beta_{14} EARNSTD_t + \beta_{15} EARNSTD_t * X3_t + Year\ Dummy + Industry\ Dummy + \varepsilon_t \end{aligned}$$

……②

　R_t は t 期の配当込の年次株式リターン，$R3_t$ は $t+1$ 期から $t+3$ 期までの3年間の配当込みの株式リターンを表している。年次株式リターンは t 期の期首から3ヵ月

後より1年間を測定期間としている。またX_{t-1}は$t-1$期の当期純利益，X_tはt期の当期純利益をそれぞれ指している。$X3_t$は$t+1$期から$t+3$期までの当期純利益の合計を表している。なお利益の変数はすべてt期の期首から3ヵ月後，つまりt期の株式リターンの測定開始時点の株式時価総額によってデフレートされている[4]。

年次変数の$YEAR_t$はタイムトレンド変数で，検証に用いられた2000年度の1から2012年度の13の間で該当年度の数値が割り当てられている。NEG_tは$t+1$期から$t+3$期までの当期純損失の回数を表す変数であり，0（純損失0回）から1（純損失3回）の間で割り当てられている。$GROWTH_t$は$t-1$期からt期までの利益の変化額を総資産額で割ったものである。$EARNSTD_t$は$t+1$期から$t+3$期までの利益の標準偏差を示している。また分析には，年次ダミー（*Year Dummy*），産業ダミー（*Industry Dummy*）を含めている。ε_tは誤差項を示している。

注目するのは年次変数を掛けた将来利益の推定係数β_8であり，年を追うごとに将来利益の含まれる割合が増加すればプラスの値を，反対に減少すればマイナスの値をとる。ここから近年，投資家の将来利益予測の難しさが変化しているのかどうか，変化しているとすればどのような傾向なのかを確認することができる。

2つ目は将来利益反応係数がどの会計基準の変数と強く関係しているかを通して，いずれの会計基準が利益予測にどのような影響を与えているかを検討することである。ここでは会計基準の新設が1999年度と2000年度に行われて以後，2005年度まで主だった会計基準の変更がないことに着目し，2001年度を検証の対象とした。これには2つの理由がある。まず1つ目は、ここで検討の対象としているのは，変更された会計基準の性質が将来予測に与える影響であり，会計基準が変更された年度を含めると単に新しい会計基準への移行に伴う困難性が将来利益予測に与えた影響を反映してしまう可能性があり，これを防ぐためである。次に検証期間を拡大し，2002年度以降も同時にサンプルに含めた場合，将来期間に基準変更が行われた2005年度以降が含まれてしまい，年度間で利益予想についての構造変化が起こっている可能性がある。

第4章　研究開発費情報と将来利益予想

　ここで取り上げる会計基準は「研究開発費等に係る会計基準」「税効果会計に係る会計基準」「退職給付に係る会計基準」「金融商品に係る会計基準」である。以下の式によって，各会計基準が将来利益予想に与える影響を分析する。

$$R_t = \gamma_0 + \gamma_1 X_{t-1} + \gamma_2 X_t + \gamma_3 X3_t + \gamma_4 R3_t$$
$$+ \sum_{i=1}^{4}(\gamma_{5,i} D_{t,i} + \gamma_{6,i} D_{t,i} * X_{t-1} + \gamma_{7,i} D_{t,i} * X_t + \gamma_{8,i} D_{t,i} * X3_t + \gamma_{9,i} D_{t,i} * R3_t)$$
$$+ \gamma_{10} NEG_t + \gamma_{11} NEG_t * X3_t + \gamma_{12} GROWTH_t + \gamma_{13} GROWTH_t * X3_t$$
$$+ \gamma_{14} EARNSTD_t + \gamma_{15} EARNSTD_t * X3_t + Industry\ Dummy + \varepsilon_t \quad \cdots\cdots ③$$

　2行目に含まれる$D_{t,i}$が変更された会計基準の影響の強さを表す変数であり，それ以外の変数の定義は②式と同様である。変数として想定する会計基準は4つあり，その内容は以下のとおりである。

　1つ目の変数は「研究開発費に係る会計基準」についてのものであり，売上高に対する研究開発費の比率として計算され，以下ではRD_tとして示されている。「税効果会計に係る会計基準」の変数$DEFTAX_t$は法人税等調整額を売上高で割ったものの絶対値であり，繰延税金資産から繰延税金負債を引いたものの絶対値を総資産で割って算定された変数を用いた場合でも結果は同様であった。「退職給付に係る会計基準」の変数$RETIRE_t$は退職給付費用から会計基準変更時差異の費用処理額を引いたものを売上高で割ったものである。会計基準変更時差異は退職給付会計基準の適用時点での債務の積み立て不足によって計上され，15年以内の一定年数において定額法による償却が認められている。このため当該額は会計基準変更によるショックを表す情報であるため除かれている。なお退職給付費用のまま変数として用いた場合でも，同様の結果が得られることを確認している。「金融商品に係る会計基準」の変数$FININST_t$は有価証券評価益から有価証券評価損を差し引いたものの絶対値を売上高で割ったものである。これらの会計基準の影響度を乗じた将来利益変数によって，それらが利益予想にどのように影響しているかを推定する。なお，分析には，産

業ダミー（*Industry Dummy*）を含めている。

第4節　サンプルと基本統計量

(1) サンプルの選択

　提示した課題を検討するため，2000年度から2012年度までの株式リターンに含まれる将来利益情報の大きさを前節で示したモデルを用いて調査する。そのため実際に必要となるデータは1999年度から2015年度までの財務データ，株式リターン，株式時価総額である。必要なデータはすべて日経NEEDS Financial QUESTから入手した。これらデータの入手が可能であった全上場企業が検証の対象となっている。利益数値に関しては連結利益を優先しており，利益の各変数は t 期の期首から3ヵ月後（株式リターンの測定開始時）の株式時価総額によって除されている。また以下の要件を課してサンプルを選択した。

> ①　3月決算企業であること。ただし金融業（銀行，証券，保険）は除く。
> ②　利益の額の絶対値が株式時価総額を超えないこと。
> ③　利益の対前年変化額の絶対値が株式時価総額を超えないこと。

　要件①は会計利益の測定期間を統一するために設定されている。②および③の要件は異常に大きな（小さな）利益額またはその変化額をもつ企業については，投資家の意思決定プロセスが通常とは大きく異なると考えられることから除外した。また回帰分析を行う際に異常値の存在はその推定結果を歪めてしまう可能性があり，各変数の分布の上（下）1％内の値は，上（下）1％の値に置換している。

(2) 基本統計量と相関係数

2000年度から2012年度までの検証で用いられたデータの基本統計量は図表４－２のとおりである。

当期株式リターンR_tの平均値は0.066であるが，その中央値は0.010となっており分布がマイナス方向に偏っている。分布の裾はプラス方向に薄く長く伸びており最大値が3.272となっている。タイムトレンド変数である$YEAR_t$は１（2000年度）から13（2012年度）の値が割り当てられており，その平均値からサンプルが近年に偏っていることがわかる。将来利益がマイナスである期間数を示すNEG_tからは，将来３期間において平均して約0.28回損失を計上していることが示されている。なお損失計上１回のサンプルは全体の10％，２回は４％，３回は３％であった。

図表４－３は各変数のピアソン相関係数を示している。当期株式リターンR_tに対する当期純利益X_t，将来利益$X3_t$はそれぞれプラスの相関そして前期利益X_{t-1}，将来リターン$R3_t$はマイナスの相関をもっており，これらは予想された符号のとおりである。また当期株式リターンとそのコントロールのための変数との関係は，マイナス利益の回数と成長率が予想どおりであった。すなわち

図表４－２ 基本統計量（N=24,824）

	平均値	標準偏差	最小値	中央値	最大値
R_t	0.066	0.394	−0.734	0.010	3.272
X_{t-1}	0.014	0.166	−1.830	0.045	0.393
X_t	0.026	0.143	−1.051	0.049	0.498
$X3_t$	0.178	0.345	−2.296	0.162	1.902
$R3_t$	0.374	0.913	−0.893	0.167	7.326
$YEAR_t$	7.294	3.700	1.000	7.000	13.000
NEG_t	0.093	0.229	0.000	0.000	1.000
$GROWTH_t$	0.002	0.053	−0.333	0.002	0.512
$EARNSTD_t$	0.079	0.111	0.004	0.041	0.986

図表4-3 相関係数 (N=24,824)

	R_t	X_{t-1}	X_t	$X3_t$	$R3_t$	$YEAR_t$	NEG_t	$GROWTH_t$	$EARNSTD_t$
R_t	−								
X_{t-1}	−0.014	−							
X_t	0.234	0.336	−						
$X3_t$	0.322	0.150	0.321	−					
$R3_t$	−0.024	−0.060	−0.007	0.394	−				
$YEAR_t$	0.027	0.068	0.101	0.167	0.046	−			
NEG_t	−0.192	−0.170	−0.278	−0.495	−0.113	−0.060	−		
$GROWTH_t$	0.222	−0.490	0.402	0.104	0.050	0.021	−0.097	−	
$EARNSTD_t$	0.021	−0.229	−0.237	−0.197	0.076	0.001	0.372	−0.026	−

マイナスの将来利益の頻度NEG_tは当期株式リターンとマイナスの，成長率$GROWTH_t$はプラスの関係をもつ傾向がある。

　回帰分析において，同時に使用する変数間では，1期前の利益と成長率，将来利益と将来損失の回数とが高い相関を有している。各組み合わせの後者はコントロール変数であり，これを除いた分析結果も以下で報告するものと大きな相違はなかった。

第5節　分析結果

(1)　予測可能性の変化の分析

　いずれの会計基準の変更が利益予想に影響を与えているのかを検討するに先立って，2000年度から2012年度までの利益予想の困難性がどのように変化しているのか確認する。②式にもとづいて回帰を行った結果は**図表4-4**のとおりである。左側がタイムトレンド変数およびコントロールのための変数を含まない基本モデルの結果であり，右側がタイムトレンド変数，コントロールの変数を含んだ検証モデルの回帰結果である。

第4章　研究開発費情報と将来利益予想

図表4-4　予測可能性の年次変化の検証結果（N=24,824）

項	基本モデル 係数	t値	検証モデル 係数	t値
切片	-0.012	-0.77	-0.045	-2.26
X_{t-1}	-0.261	-4.94	-0.057	-0.48
X_t	0.350	5.70	0.027	0.32
$X3_t$	0.331	9.60	0.540	6.73
$R3_t$	-0.080	-4.89	-0.111	-3.09
$YEAR_t$			0.022	23.29
$YEAR_t * X_{t-1}$			0.009	0.80
$YEAR_t * X_t$			0.018	2.07
$YEAR_t * X3_t$			-0.018	-2.50
$YEAR_t * R3_t$			0.002	0.77
NEG_t			-0.159	-4.98
$NEG_t * X3_t$			-0.517	-6.19
$GROWTH_t$			0.905	4.52
$GROWTH_t * X3_t$			0.701	3.10
$EARNSTD_t$			0.364	1.94
$EARNSTD_t * X3_t$			0.023	0.17
Year Dummy	Included		Included	
Industry Dummy	Included		Included	
$Adj.R^2$	0.372		0.406	

（注）t値は，Petersen（2009）の方法で企業×年に基づきクラスター補正した標準誤差を用いて算定している。

　基本モデルについては推定された係数はすべて予測される符号をもち，統計的に有意な値となっている。また検証モデルにもとづく回帰結果では，基本モデルに含まれる変数のうち，前期と当期の利益が有意な値とはなっていないが，予想された符号どおりの結果となっている。検証の中心であるタイムトレンド変数を掛けた将来利益の変数$YEAR_t * X3_t$は有意な負の値であり，2000年度から年を経るごとに意思決定に反映される将来利益が小さくなっていることがわ

61

かる。近年ディスクロージャー活動が盛んになってきており，経年的に将来予測に有用となる情報が質・量ともに増えたことを考慮すると，この結果は将来予想を困難にする非常に強固な要因が存在することを示唆する。またタイムトレンド変数を乗じた当期利益の係数は有意なプラスの値であり，意思決定において反映されている当期利益情報の比重が増していることがわかる。コントロール変数と将来利益との交差項からは，マイナスの将来利益をもつ企業ほど将来予測が難しくなるという先行研究の結果と同様に，有意な負の係数が推定されている。高成長企業ほど，企業の将来業績に関しての情報を開示しているため情報入手コストが小さくなり，将来利益予測が容易となるという理由から含められたコントロール変数についても，先行研究の結果と整合的に有意な正の値をもっている。

(2) 会計基準変更が予測可能性に与える影響の分析

前節では2000年度から将来利益反応係数の値が低下しているという傾向が観察された。ここでは2000年前後から現在まで続いている一連の会計基準の変更にその一因があると考え，クロスセクション分析によって，どのような会計基準が将来利益反応係数と関連しているのかを調査する。先に述べたように，基準変更直後の将来利益予想の困難性および将来3期間中に予測に大きな影響を与える基準変更がないという理由から2001年度を選択し，研究開発費，税効果会計，退職給付および金融商品の各会計基準が与えた影響について調べた。会計基準ごとに将来利益反応係数にどのような違いがあったのか，検証に用いられたサンプルの基本統計量が図表4－5，回帰を行った結果が図表4－6である。

図表4－6の上段に基準影響度の変数を掛けていない箇所についての推定結果が，その下に会計基準の影響度およびコントロールを含んだ結果が示されている。まず基準影響度を乗じていない変数についての符号は前期利益を除いて予想したものと合致しており，当期利益を除いて有意なものであった。本節での検証の中心は，会計基準影響度を掛けた将来利益変数の係数である。研究開発費（RD_j）の将来利益反応係数は5％水準で有意な正の値であり，これは即

図表4－5　基本統計量（N=1,682）

	平均値	標準偏差	最小値	中央値	最大値
R_t	−0.142	0.227	−0.643	−0.150	0.651
X_{t-1}	−0.002	0.163	−0.889	0.034	0.251
X_t	−0.021	0.167	−0.979	0.021	0.211
$X3_t$	0.127	0.310	−1.321	0.135	0.978
$R3_t$	0.879	0.985	−0.512	0.652	5.362
RD_t	0.018	0.026	0.000	0.007	0.139
$DEFTAX_t$	0.009	0.014	0.000	0.004	0.087
$RETIRE_t$	0.012	0.010	0.000	0.010	0.054
$FININST_t$	0.009	0.013	0.000	0.004	0.077
NEG_t	0.116	0.227	0.000	0.000	1.000
$GROWTH_t$	−0.010	0.050	−0.230	−0.004	0.147
$EARNSTD_t$	0.076	0.136	0.004	0.033	0.986

時の費用処理が求められる研究開発費の額が，将来利益予想の困難性を増加させる要素ではなく，企業の将来業績を予想するうえで有益な情報となっていることを示唆している。これ以外に統計的に有意な係数であったのは，マイナスの符号となった退職給付の会計基準の影響度（$RETIRE_t$）であり，この会計基準の影響が大きいほど将来利益情報を意思決定に反映させることが困難となることが示された。なお将来利益に対する影響をコントロールするために加えられた変数の符号は全て予想どおりのものであり，利益の変動を表すもの以外は少なくとも10％水準で有意な値であった[5]。

図表4−6 会計基準が予測可能性に与えた影響の検証結果 (N=1,682)

	切片	X_{t-1}	X_t	$X3_t$	$R3_t$
	−0.135	0.127	0.013	0.406	−0.065
	(−5.33)	(1.95)	(0.21)	(10.05)	(−6.59)
	D_t	$D_t * X_{t-1}$	$D_t * X_t$	$D_t * X3_t$	$D_t * R3_t$
$D_t = RD_t$	−0.505	4.221	3.052	3.816	−0.073
	(−1.60)	(1.98)	(1.25)	(3.03)	(−0.26)
$DEFTAX_t$	−0.027	−0.277	−2.582	1.531	0.390
	(−0.05)	(−0.16)	(−1.37)	(1.22)	(0.92)
$RETIRE_t$	0.117	1.366	−3.084	−5.020	−1.020
	(0.15)	(0.48)	(−1.03)	(−2.54)	(−1.57)
$FININST_t$	0.073	3.042	−0.202	−0.805	0.229
	(0.13)	(1.22)	(−0.10)	(−0.51)	(0.46)
NEG_t	−0.030			−0.318	
	(−0.96)			(−5.28)	
$GROWTH_t$	1.357			0.408	
	(7.58)			(1.79)	
$EARNSTD_t$	0.083			−0.078	
	(1.52)			(−1.13)	
Industry Dummy			Included		
$Adj.R^2$	0.243				

(注) 括弧内はt値を表している。

第6節 要 約

本章では,会計基準の変更が投資家の将来利益予想の困難性にどのように影響したかを考察するため,2つの検証を行った。まず,近年において利益の予測可能性にどのような変化があったのかについて,ここ13年ほどの将来利益反応係数の変化を推定した結果,年を経るごとに将来利益の予測が困難となって

きている証拠を得た。近年，企業によるディスクロージャー活動が拡大し，利益予想に有用となる情報が公表される環境が整備されつつあることを考えると，何が予測の困難性に影響を与えているのか。本章では，その原因として相次いで行われた会計基準の変更を想定し，各会計基準が将来利益反応係数に与えた影響を分析した。回帰分析の結果，研究開発の会計基準は有意なプラスの値，退職給付の会計基準は有意なマイナスの値であった。このことから，投資家は将来利益の見積もりに関して，研究開発の基準影響度が高い企業ほど将来利益の評価のウエイトを大きく，退職給付の基準影響度が高い企業ほどウエイトを小さくする傾向があることが示された。なお，第1および第2の検証を行う際には，将来利益反応係数に影響を与える特性（情報入手の困難性，企業業績の将来予測の困難性）を考慮して推定を行っている。

ただし本章の分析には次のような限界がある。検証では年度×産業内において，すべての企業は同じ推定係数をもつことが仮定されているが，会計基準変更の影響が企業ごとに異なっていることを考えれば，個別企業ごとに検討を行う方法を考える必要がある。また変更された会計基準が将来利益予想に与える影響の分析においては，そのサンプルを2001年度に限定したため，得られた結果が単にこの期間だけのものである可能性がある。そのため，他年度も考慮にいれた検証方法によって追加的な検討を行う必要がある。

●注
1 たとえばHolthausen（1990）は，経営者による会計手続選択の動機として①効率的契約の視点（efficient contracting perspective），②機会主義的行動の視点（opportunistic behavior perspective），③情報の視点（information perspective）の3つを挙げている。
2 純利益と包括利益の実証的な分析については多くの先行研究がある。大日方（2002），若林（2009）にこれらの包括的なレビューが行われている。
3 先行研究では，将来利益反応係数のコントロール変数として企業規模を含めているが，利益変数との交差項が，回帰分析に用いる他の変数と高い相関を有していたため分析から除いている。なお，企業規模を分析に含めた場合も結果は同様

であった。

4　利益変数を当期リターンの測定開始年度の時価総額でデフレートする理由は企業規模の影響を緩和する目的のほか，残余利益モデルをもとに説明することができる。Lundholm and Myers（2002）では，2期間のみ存続する企業で，資本コストがゼロであるという仮定のもと，次のような導出過程を示している。

$P_0 = BV_0 + E_0(X_1) + E_0(X_2)$　　$P_1 = BV_1 + E_1(X_2)$

ただし P_t は t 期における株価，BV_t は t 期における株主資本簿価，$E_t(X_{t+\tau})$ は t 期における $t+\tau$ 期の利益の期待値をそれぞれ示している。

クリーン・サープラス関係 $BV_1 = BV_0 + X_1 - D_1$ を用いて P_1 を書き換えると以下のようになる。

$P_1 = BV_0 + X_1 - D_1 + E_1(X_2)$
$P_1 + D_1 - P_0 = X_1 - E_0(X_1) + E_1(X_2) - E_0(X_2)$

両辺を P_0 で割れば，左辺が配当込みの株式リターン，右辺が期待外利益 $UX_1 = X_1 - E_0(X_1)$，および将来利益に対する期待の変化分 $\Delta E_1(X_2)$ を P_0 で除した式を得ることができる。

5　単に研究開発費変数が成長性の代理変数になっている可能性がある。そこで両者の相関を調べたところ弱い負の相関が観察された。また研究開発費変数を除いての回帰も行ったが成長性の推定係数の有意性に変化はなかったことから，研究開発費変数が成長性の代理変数となっている可能性は低い。

第5章 研究開発集約企業における投資家の情報収集・分析

第1節 はじめに

　本章では，研究開発集約型の企業の価値評価を行う際に，アナリストが私的な情報をより多く用いて予想を行っているのかを検討している[1]。

　無形資産が企業の将来業績を左右する重要な要素であることが指摘されている一方，現行の会計基準のもとでは，法的な形式を満たす，限られた無形資産がオンバランスされているにすぎない。研究開発活動は無形資産を創造する主たる要因の1つであると考えられるが，発生時に全額が費用処理されており，その効果が発現した期間の収益と対応づけて処理されているわけではない。このような状況のもと，投資家は公表情報である財務諸表に加えてさまざまな情報を収集し，それらをあわせて分析することによって企業の将来業績を予測する必要がある。つまり研究開発活動を積極的に行っている企業の評価を行う投資家は，研究開発活動をそれほど積極的には行っていない企業を評価する場合に比べて，追加的な情報収集・分析コストを負担する必要がある。

　企業分析のプロフェッショナルである証券アナリストは，卓越した情報収集および分析能力を有しているために，一般の投資家に比べて少ない追加的なコスト負担でより精度の高い予想を行うことができる。研究開発活動が将来の企

業業績に大きな影響を与えていることを所与とすれば,予想は困難ではあるが研究開発集約度の高い企業に対してはよりコストをかけて分析を行うこととなり,結果としてアナリストが予想に用いる情報には,アナリスト本人しか知らない私的情報がより多く含まれるようになると考えられる。

　一般の投資家に比べて予想精度が高いと考えられるアナリスト予想であるが,それらの平均値をとったコンセンサス予想は個別のアナリスト予想より予測の精度が増すことが知られている。コンセンサス予想は一般に公開されることが多く,一般投資家も意思決定に利用することができる情報となっている。

　本章では,アナリストの提出した利益予想のデータをもとに,研究開発集約企業について,アナリスト予想がどのような特質を有しているのか,具体的には予想に使用する私的情報の割合に関して,検討を行う。

　本章の構成は以下のとおりである。続く第2節では,アナリストがどのようなプロセスを経て利益予想を行っており,研究開発集約的な企業がその評価の対象となったときに,そのプロセスがどのような特徴を有するのかを考察する。第3節では,事後的に観察可能なアナリスト予想データをもとに,予想情報に含まれる公(私)的情報の割合をどのように測定することができるのかを検討する。第4節では,分析に用いたデータの抽出方法および基本統計量を確認する。第5節では,主たる分析結果とその解釈を示し,第6節では,発見事項の要約と今後の課題を示す。

第2節　先行研究と仮説の設定

(1)　アナリスト予想の特性

　証券アナリストとは,証券投資の分野において,高度の専門知識と分析技術を応用し,各種情報の分析と投資価値の評価を行い,投資助言や投資管理サービスを提供するプロフェッショナルのことを指す(日本証券アナリスト協会[2])。

第5章　研究開発集約企業における投資家の情報収集・分析

　アナリストはその目的に応じ，たとえば証券を販売する証券会社に所属し，産業・企業調査をもとに個別証券の分析・評価を行い顧客に提供するセルサイド・アナリスト，さまざまな証券を組み合わせて購入する機関投資家に所属するバイサイド・アナリストに分類されるが，用いる企業評価手法は基本的に同様のものである。

　アナリストの企業評価は以下のステップを経て行われるのが一般的である（経済産業省，2007）。

> ① **マクロ分析**……国内外の政治経済に関する大局的な動向をふまえるためのものである。具体的には個人消費や設備投資，公共投資，輸出入の動向などのGDP需要項目をおさえ，分析対象企業がこうしたマクロ経済の動きとどのように結びついているのか，またどの程度の影響を受けるのかを見積もる。
> ② **産業分析**……当該企業が属する業界のマーケット動向調査および業界構造（競争環境や取引慣行など）の分析を行う。
> ③ **企業分析**……産業分析で把握した業界の市場動向および業界構造をふまえて，当該企業はどのようなかたちで競争優位を築いているのかを分析する。
> ④ **業績予測**……①②③をふまえ，公表された財務諸表および個別に入手した私的情報をもとに，将来業績の予測を行う。この際，無形資産などに関する非財務情報が反映されることがある。
> ⑤ **金融資本市場分析**……企業価値を決定する要因として，企業業績の動向に加え，資本コストの分析を行う。事業の収益性が資本コストを上回るときに，企業価値が創造されたと判断することができる。

　アナリストは調査の結果をアナリストレポートにまとめ報告する。アナリストレポートには，証券市場に関する動向から，各業界や個別企業に関する状況の記述とそれをもとにしたアナリストの見解が述べられているのが一般的である。また，アナリストの予想財務数値についての見解は個人のものだけでなく，複数のアナリストの見解を平均したコンセンサス予想も発表されている。たとえば，YAHOO！ファイナンスでは，企業の経営者による利益予想とともにアナリストのコンセンサス利益予想も提供されている。基本的に，アナリストの作成する情報の提供は，依頼のあった顧客に対する有料のサービスであるが，

69

無料かまたは比較的安価な料金で公開されているものも多くあり，情報劣位におかれた投資家をはじめとして，利害関係者の意思決定に活用されている。

　一般の投資家も部分的にせよ上記のプロセスに従い分析を行っていると考えられる。ただし，同様のプロセスを経て意思決定を行ったとしても，一般投資家が行ったものとアナリストが行ったものでは，後者の方が優れた予想であることが多い。両者の違いを決定づけるのは各ステップの分析の精度が異なるためである。これは，アナリストが独自に情報を収集・分析することによって，私的情報（private information）をもち，さらには企業価値評価を行うさまざまな専門知識や技術を有しているためと考えられる。

(2) 研究開発集約企業のアナリスト予想

　こうしたアナリスト予想の優位性は，研究開発集約的な企業を評価対象としたとき，よりいっそう顕著なものになると考えられる。現行の会計基準は，研究開発活動への投資額について即時の費用化を求めているが，実際に投資の成果が発現するのは将来の期間であり，その成果の実現についても大きな不確実性を伴う。そのため，証券アナリストは，研究開発投資の成果について実現のタイミングや不確実性を考慮すべくさまざまな情報を考慮し（Amir et al. 2003），それぞれの期間に帰属するべき収益と費用の額を推定することによって，本来の利益（core earnings）を見積もる作業を行っている（Lev and Sougiannis, 1996）。このときアナリストは，研究開発活動を積極的には行っていない企業を評価する場合に比べて，私的情報や独自の分析技術を多用していると考えられる。

　Barron et al.（2002）は，無形資産集約的な企業ほど，証券アナリストが将来利益の予想にあたって私的情報をより多く使用しているという仮説を設定し，アナリストが予想にあたってどのような情報を保有しているかを表すモデルを用いて検証を行った。研究開発費，広告宣伝費または貸借対照表に計上されている無形資産の金額を用いて無形資産集約度の指標を定義し，研究開発費とオンバランスされた無形資産の各指標について仮説を支持する結果を報告している。本章では，無形資産のなかでも研究開発活動に焦点をあて，次の仮説を検

証する。

> 仮説　証券アナリストは，研究開発集約的な企業の利益予想を行うときほど，財務諸表などから得られる公的情報の不足を補うために，より多くの私的情報を用いる。

第3節　アナリスト予想の情報特性の測定と実証モデル

(1) 証券アナリストの保有情報

　証券アナリストがどのような特性の情報を用いて利益予想を行っているのかを外部から特定することは極めて困難である。Barron et al. (1998) は，アナリストが公的情報と私的情報にもとづいて利益予想を行うと仮定し，アナリストが提供している予想の正確性の低さ（uncertainty: U）とアナリスト予想が有している共通情報の程度（consensus: ρ）といったアナリスト予想の特性を導出している。これらの特性は，アナリスト予想利益の平均（コンセンサス予想）や分散，実績利益，アナリストの人数といった事後的に観察可能な数値を用いて次のように測定することができる。

　まずアナリスト予想の正確性の低さ U は以下のように表される。

$$U = \left(1 - \frac{1}{N}\right)D + SE, \quad ただし, \quad D = \frac{1}{N-1}\sum_{a=1}^{N}(F_a - \overline{F})^2, \quad SE = (A - \overline{F})^2$$

　ここで，F_a は証券アナリスト a の予想利益，$\overline{F}$ は証券アナリストによる予想利益の平均値，A は実績利益，N は利益予想を行っている証券アナリストの人数を表している。上式において，アナリスト予想がもつ予想の正確性の低さは，

各アナリスト予想とコンセンサス予想の誤差と,実績利益とコンセンサス予想の誤差の合計として説明されている。

次に証券アナリストが将来利益の予想にあたって使用した全情報に含まれる公的情報の割合 ρ は以下のように求めることができる。各変数の定義は先述のとおりである。

$$\rho = \frac{SE - \dfrac{D}{N}}{\left(1 - \dfrac{1}{N}\right)D + SE}$$

公的情報の割合 ρ が小さいことは,利益予想に用いたすべての情報に占める公的情報の割合が相対的に少ないこと,つまりは私的情報をより多く用いて利益予想を行っていることを意味する。

(2) 実証モデル

本章では,アナリストが予想に用いた情報に含まれる私的情報の割合と研究開発投資をはじめとした無形資産集約度との関係を検証している。具体的には,証券アナリストの保有する公的情報の割合（ρ）を従属変数,無形資産集約度の指標を独立変数とする以下の多変量回帰モデルを設定する。添字は,企業 i の時点 t の変数であることを表す。

$$\rho_{i,t+1} = \alpha_0 + \alpha_1 RD_{i,t} + \alpha_2 ADV_{i,t} + \alpha_3 BSINTAN_{i,t} + \alpha_4 SIZE_{i,t} + \alpha_5 EI_{i,t} + \alpha_6 MB_{i,t} + \varepsilon_{i,t}$$

無形資産集約度の指標のうち,RD は,営業費用（売上原価と販管費の合計）に対する研究開発費の割合であり,ADV は,営業費用に対する広告宣伝費の割合である[3]。$BSINTAN$ は,総資産に占めるオンバランスされた無形資産の割合である。仮説のように,研究開発集約度の高い企業ほど,証券アナリスト

が私的情報をより多く用いて将来利益の予想を行っているとすれば，研究開発集約度の係数はマイナスになることが予想される。その他の無形資産についても，研究開発活動と同様にその価値の見積もりが困難であるならば，これらの係数もマイナスになることが考えられる。

また，実証モデルには，私的情報を入手する証券アナリストのインセンティブが企業間で異なることをコントロールするために，先行研究にもとづいて3つの変数を追加した。$SIZE$は企業規模であり，時価総額をその時点の消費者物価指数で除したものである。規模の大きい企業ほど，私的情報を入手することによって多くのベネフィットが得られるとすれば，企業規模の係数はマイナスになることが予想される。EIは利益サプライズであり，当期純利益の対前年度変化率の絶対値である。利益サプライズの大きい企業ほど，将来利益の予想が難しく，それを補うためにより多くの私的情報を入手しなければならないとすれば，利益サプライズの係数はマイナスになるであろう。MBは時価簿価比率であり，時価総額を自己資本簿価で割り算したものである。時価簿価比率は企業の成長機会を表しており，成長機会の多い企業ほど，市場参加者の注目が高く，私的情報を入手するインセンティブが強くなるとすれば，時価簿価比率の係数はマイナスになることが予想される。

第4節　サンプルと基本統計量

検証対象は金融業（銀行・証券・保険）を除くすべての上場企業であり，研究開発費の額が公表された2000年3月期決算から2007年3月決算までの期間とした。アナリスト予想のデータはI/B/E/SのDETAIL HISTORY FILEから，財務データおよび証券データは日経NEEDS Financial QUESTより入手した。利用可能であったデータのうち，以下の要件を満たしたものが最終的な分析に用いられたサンプルである。

① I/B/E/Sにおいて，決算短信公表後5日以内に提出された，1年先の個別利益予想が入手可能であること。この要件は，証券アナリストが予想に際して利用可能な公的情報の環境を一定にするために課している。また情報特性を計算するために，前述の要件を満たす3人以上の証券アナリストがいるという要件も課している。
② 実証モデルの各変数を計算するために必要な財務諸表データおよび証券データが日経NEEDS Financial QUESTから利用可能であること。財務諸表データについては決算月数が12ヵ月あること。

以上の要件を満たすサンプルは，20業種にわたる1,333企業×年である。しかし，企業ごとに要件を満たすサンプル数が異なり，このまま分析を行うと，特定の企業の影響を受けた結果となってしまう可能性がある。そこで，企業ごとに各変数の平均値を算定し，その値を実証モデルの推定に用いている。したがって，回帰分析に用いた最終的なサンプル数は，430社となる。これら変数の様子を表したのが**図表5-1**である。

図表5-1は，実証分析に用いた各変数の基本統計量を報告している。営業費用に占める研究開発費の割合は，平均値が3.2％，中央値が1.4％であり，分布は左に歪んでいる。分布の歪みは，無形資産集約度のその他の指標やコントロール変数にもみられる。これら分布の特徴を考慮し，本章では変数を順位に置き換えて検証を行っている。

図表5-2は，順位に置き換えた各変数間の相関係数を報告している。無形資産集約度の指標のうち，研究開発費（mRD）と広告宣伝費（$mADV$）は，証券アナリストが使用した公的情報の割合（$m\rho$）との相関係数がマイナスとなっている。これは，無形資産集約的な企業ほど，将来利益の予想にあたって証券アナリストが使用する公的情報の割合が相対的に少なく，私的情報の割合が高いことを示している。一方，オンバランスされている無形資産が多い企業については，予想に公的情報が含まれる割合が高い傾向を示しており，貸借対照表に計上された無形資産については信頼性が高く，私的情報をそれほど必要としていない可能性が高い。

第5章　研究開発集約企業における投資家の情報収集・分析

図表5－1　基本統計量（N＝430）

	平均値	標準偏差	第1四分位値	中央値	第3四分位値
$m\rho$	0.700	0.305	0.552	0.781	0.949
mRD	0.032	0.050	0.000	0.014	0.047
$mADV$	0.018	0.036	0.001	0.005	0.020
$mBSINTAN$	0.013	0.015	0.003	0.008	0.016
$mSIZE$	465,636	1,015,357	94,232	187,454	450,442
mEI	3.005	20.302	0.260	0.610	1.400
mMB	2.872	4.133	1.382	1.939	3.009

（注）$SIZE$の単位は100万円である。

図表5－2　スピアマンの順位相関係数（N＝430）

	$m\rho$	mRD	$mADV$	$mBSINTAN$	$mSIZE$	mEI	mMB
$m\rho$	－						
mRD	－0.12	－					
$mADV$	－0.01	0.02	－				
$mBSINTAN$	0.02	－0.06	0.19	－			
$mSIZE$	－0.23	0.21	0.02	－0.01	－		
mEI	－0.02	0.12	－0.15	0.03	0.24	－	
mMB	－0.08	－0.07	0.04	0.14	0.21	－0.06	－

　コントロール変数である企業規模（$mSIZE$），利益サプライズ（mEI），成長機会（mMB）とも公的情報の割合に対して予想どおりのマイナスの符号となっている。

　また，企業規模（$SIZE$）が大きいほど，研究開発活動や広告宣伝活動を積極的に行う傾向があることが示されている。これらは先行研究で示された結果と整合的であるといえる。

　回帰分析において同時に使用する独立変数間に，多重共線性が懸念されるような高い相関係数は観察されない。

第5節 分析結果

図表5-3は，順位変換後の変数を用いて，実証モデルを最小二乗法によっ て推定した結果を報告している。

研究開発集約度（mRD）の係数は，10％水準で有意なマイナスの値となっ ている。この結果は，研究開発集約的な企業ほど，証券アナリストが私的情報を より多く用いて，将来利益の予想を行っていることを示唆している。

また無形資産集約度の指標のうち，広告宣伝費（$mADV$）の係数は，予想ど おりマイナスであるが，その係数は統計的に有意ではない。貸借対照表に計上 された無形資産の係数は，有意ではないプラスの値となっている。広告宣伝活 動からの無形資産およびすでに資産計上されている無形資産の価値の見積もり に関して，投資家は私的情報を多く用いているという関係は観察されなかった。 無形資産の指標のうち，研究開発集約度が公的情報の割合と最も強い関連性を 有している点は，Barron et al. (2002) の分析結果とも一致している。

コントロール変数については，企業規模（$mSIZE$）の係数のみが5％水準で 有意にマイナスである。この結果についても，米国市場を対象としたBarron らの結果と同様である。

図表5-3 実証モデルの推定結果（N=430）

	切片	mRD	$mADV$	$mBSINTAN$	$mSIZE$	mEI	mMB	$Adj.R^2$
予想符号	(？)	(−)	(−)	(−)	(−)	(−)	(−)	
係　数	0.64	−0.11	−0.01	0.02	−0.22	0.04	−0.03	0.05
t値	11.70	−1.66	−0.12	0.46	−4.21	0.77	−0.66	

第6節 要　約

　本章では，研究開発集約的な企業を評価する投資家の行動に関して，証券アナリストが予想に際して用いている情報の特性を手掛かりに，私的情報を多く用いているのかについて石光・音川（2009）をもとに検討を行った。

　Barron et al.（1998）において提示された理論モデルに従い，アナリストが予想に際して，公的情報をどの程度利用しているのかを測定し，研究開発活動をはじめとした無形資産集約度と公的情報との関係を調査している。

　回帰分析の結果，証券アナリストは将来利益の予想において，研究開発集約的な企業に対する場合には，使用する公的情報の割合を減少させていることがわかった。これは，財務諸表などの公的情報の不備を補うために，私的情報をより多く用いた結果であると考えられる。一方，広告宣伝活動からの無形資産やオンバランスされている無形資産の集約度と公的情報の間には明確な関係が発見されなかった。これらを総合すると，投資家は研究開発に積極的な企業の将来業績の見積もりにおいて，とくに注意を払って情報収集や分析を行っているといえる。

　今後の課題としては，経営者予想との関係性の考察が挙げられる。日本においては実質的に強制といえる決算短信での経営者予想の開示は，投資家の情報収集および分析活動に大きな影響を与えている。よって，経営者予想（決算短信）の発表日時を基準とするだけではなく，さまざまなタイミングにおける私的情報の量を測定し検証を行えば，より詳細に投資家行動を分析することができると考えられる。また，2017年2月には，東京証券取引所が新しい決算短信・四半期決算短信の作成要領を発表し，速報性を重視し記載内容の削減による合理化を行うことが示された。決算短信における情報内容の変化が，投資家の意思決定にどのような影響を与えるのかの検討も今後の課題である。

●注

1 近年では, 個人情報保護の観点からアナリスト個別のデータの利用が難しくなっている。本章の以下の分析では, アナリスト個別データを用いる必要があるため, データ利用が可能であった石光・音川 (2009) で行われた検証結果の一部を再掲して再構成している。

2 公益社団法人日本証券アナリスト協会ホームページ (https://www.saa.or.jp/cma_program/step/about/index.html) 2017年6月1日閲覧。

3 研究開発活動および広告宣伝活動の積極性を表す変数として, 研究開発費を売上高で割ったもの, 広告宣伝費を売上高で割ったものも用いて検証を行ったが, 結果は大きく変わらなかった。

第6章 研究開発集約企業と投資家間の情報格差

第1節 はじめに

　本章の目的は，研究開発集約企業の株式取引を行う投資家間の情報の非対称性が，研究開発集約的でない企業の場合と比べて拡大しているのかを明らかにすることにある。

　証券市場において，市場参加者がもつ情報はそれぞれ異なることが知られている。市場における各取引主体が保有する情報が異なっている状況を情報の非対称性（information asymmetry）とよび，これをそのまま放置しておくと，市場運営に支障をきたす可能性があることが知られている。法律によって財務報告が義務づけられ，企業が財務諸表を開示するのは，企業と投資家間の情報の非対称性の緩和をねらってのことである。先行研究においても，財務報告によって企業と投資家との情報の非対称性が減少することが報告されている。

　情報の非対称性は企業と投資家の間だけではなく，投資家の間にも存在する。これは投資家ごとに情報を収集，分析する能力が異なるためである。金融庁によって運営されている有価証券報告書等の閲覧サイトであるEDINET（Electronic Disclosure for Investors' NETwork）に代表されるように，法定開示の情報はインターネットを介して無料で取得できることが多く，すべての投資家

79

にとってコストをほとんど払うことなく容易に利用できる情報といえる。ただし開示コストの面から，企業経営のすべての側面についての情報開示は行われておらず，投資家は必要に応じて意思決定のために追加的に情報を収集する必要がある。情報収集にはコストがかかり，投資家によって負担することができるコストは異なるために，結果として保有する情報に格差が生じることとなる。

追加的な情報収集活動が必要となる一例が，研究開発集約企業を評価するときである。研究開発投資の額が当期の費用として計上される現状においては，意思決定にあたって投資の価値を見積もるために追加的な情報収集が必要となり，結果として投資家間の情報の非対称性が拡大することが予想される。そこで本章では情報の非対称性を表す指標であるビッド・アスク・スプレッドとデプスに着目し，日本の証券市場において，研究開発集約企業に対する投資家間の情報の非対称性が顕著に悪化しているのかを検討する。

本章の構成は以下のとおりである。第2節では，情報の非対称性について財務報告との関連から検討し，さらに研究開発に関する先行研究において，情報の非対称性に着目することによって何が明らかとされているのかを確認する。また本章で取り扱う仮説を導出する。第3節では，情報の非対称性の測定方法について，日本の市場構造に即してビッド・アスク・スプレッドとデプスを取り上げ検討する。また，それら変数を用いて分析に使用する実証モデルを提示する。第4節では，サンプルと基本統計量を，第5節では，主たる分析結果と頑健性チェックの結果を報告する。第6節では，まとめと残された課題を提示する。

第2節　先行研究と仮説の設定

(1) 情報の非対称性と財務報告

市場における各取引主体が自分しか知らないような私的情報（private

information）をもっているとき，取引主体間には情報の非対称性が存在している。情報の非対称性は，私的情報の性質に応じて，相手の行動が観察できない場合のモラルハザードの問題と相手の保有している情報がわからない場合の逆選択（adverse selection）の問題を引き起こすことが知られている。

モラルハザードは，たとえば火災保険をかけたためにかえって注意義務を怠り，結果として火事が発生する可能性を高めてしまうといった場合のように，相手（この例では保険加入者）の行動を観察することができないという情報の非対称性から起こる弊害である。一方，逆選択は，財やサービスの質について相手の保有している情報がどのようなものかわからないという情報の非対称性があるために，結果として質の良いものが淘汰され，質の悪いものが残ってしまうという問題を指す。たとえば中古車市場において，売り手が自身の中古車の質についての情報を十分に公開しないケースにおいてこの問題が発生する。このとき買い手は世の中の一般的な中古車の質をもとに買い値を決定せざるを得なくなる。結果として，平均よりも質の高い中古車を保有する売り手は出品を手控えるようになり，市場には質の悪い中古車が集まってしまう。このようにAkerlof（1970）によって指摘された中古車市場の悪循環が続くと，最悪の場合，市場の崩壊につながる。質の悪いものだけが生き残って市場が崩壊するというのは情報の非対称性が引き起こす問題の一例であるが，この現象だけではなく，一部の人が私的情報をもっているために起こるさまざまな問題を一般的に逆選択とよぶ（神取，2014）。

いずれにしても円滑に市場を運営していくためには，何らかの方法で情報の非対称性を緩和することが必要となる。財務会計に期待される役割には，経営者，株主，債権者間における利害調整と証券市場への意思決定のための情報提供があるが，モラルハザードの問題に対しては前者の利害調整機能が，逆選択の問題には後者の情報提供機能が対応している（須田，2001）。本章では，このうち逆選択の問題を取り上げ分析を行う。

(2) 投資家間の情報の非対称性

　情報の非対称性は，経営者と投資家の間だけではなく，投資家の間にも存在している。これは，投資家ごとに情報入手能力や新しい価値をもった情報を導くために必要な分析力に違いがあるためである。結果として，投資家が意思決定に先立って保有している情報には，入手にほとんどコストがかからず皆が共通してもつ公的情報だけではなく，一部の投資家のみがもつ私的情報も含まれることとなる。たとえば金融商品取引法によって開示が要求されている有価証券報告書や証券取引所の要請によって開示されている決算短信に記載されている情報はほとんどコストをかけることなく入手できるため，公的情報の代表例といえる。

　投資家間に情報の非対称性が存在すると，市場参加者が取引を希望するときに取引機会を十分に提供することができているかを意味する市場の流動性を悪化させることが指摘されている。またEasley and O'Hara（2004）は，私的情報の割合の多い（投資家間の情報の非対称性が高い）株式の方が，投資家の要求収益率である資本コストが高くなることを示している。このように，投資家間の情報の非対称性は，投資家，経営者に影響を与えることがわかっている。

　一般に，公的情報の開示が拡大すれば，投資家間の情報の非対称性は縮小すると考えられ，積極的なディスクロージャーが推奨される根拠となっている。Fu et al.（2012）では頻繁に財務報告を行う企業ほど投資家間の情報の非対称性が低くなることを，売り気配価格と買い気配価格の差額として定義されるビッド・アスク・スプレッドの観点から例証している。ただし，どんな情報でも開示すればよいわけではない。Van Buskirk（2012）では月次の売上報告は情報の非対称性を減少させないが，より詳細な情報を含む開示は情報の非対称性を減少させることを例証し，ディスクロージャーと情報の非対称性の関係は開示される情報の性質によって変わるものであることを示している。

　現実の市場では，投資家の意思決定に有用な情報のすべてが公的情報として開示されているわけではない。さらに投資家の情報入手・分析能力の高低に

よって，保有する私的情報の量は大きく異なるため，情報の非対称性の程度は投資家の置かれた状況によって異なる。つまり，どこに情報の非対称性が存在するのかを明らかにするためにはさまざまな状況ごとに分析を行い，結果を積み重ねていく必要がある。

(3) 研究開発活動と情報の非対称性

情報の非対称性の拡大が特に懸念されるのは，企業価値と強い結びつきをもつ事項にもかかわらず，その情報開示が不十分な場合である。これに当てはまるのが研究開発に積極的な投資を行っている企業である。将来にわたる利益の源泉と考えられる研究開発投資の額が，当期に一括して費用計上されている現状においては，投資家間の情報の非対称性が大きくなっていることが予想される。なぜならばこのような状況のもとでは，一部の投資家は財務諸表などの公的情報の不備を補完するために，私的な情報収集活動を積極的に行っていることが考えられるためである。私的情報の収集にはコストがかかるため，情報優位にある一部の投資家とそうでない情報劣位にある投資家間の情報の非対称性はいっそう悪化しているかもしれない。

Boone and Raman (2001) は，研究開発費の即時費用化を規定する財務会計基準書第2号（Statement of Financial Accounting Standards No.2: SFAS2）の影響を調査した。1995年と1996年を対象に，研究開発集約企業とそうでない企業において情報の非対称性が拡大しているのかを検証した。そして，①研究開発集約的な企業のスプレッドはその他の企業に比べて有意に拡大していること，②研究開発集約的な企業の中でも，オフバランスとなっている研究開発資産の推計金額が大きい企業ほどスプレッドが拡大しデプスが低下していること，③研究開発資産の推計金額が前年度に比べて大きく増加した企業年度においてスプレッドが拡大する傾向があることを報告した。

一方，Mohd (2005) は，所定の要件を満たすソフトウェア開発投資の資産計上を規定する財務会計基準書第86号（SFAS86）がスプレッドを有意に減少させたことを例証した。すなわち，積極的な研究開発投資がともに必要なソフ

トウェア開発企業とその他のハイテク産業に属する企業を比較した場合，後者の企業グループについては，SFAS86の導入前後で有意なスプレッドの変化が観察できなかった。それに対して，前者の企業グループについては，SFAS86の導入に伴ってスプレッドが有意に低下したことを発見した。

本章では，こうした先行研究を参照しながら，次の仮説を検証する。

仮説 研究開発集約的な企業では，投資家間の情報の非対称性がいっそう悪化している。

第3節 情報の非対称性の測定と実証モデル

(1) 情報の非対称性の測定

本章では，投資家間の情報の非対称性の程度の測定にあたって，ビッド・アスク・スプレッドとデプスに着目するが，これら指標がどのように情報の非対称性の程度を測定しているのかを，検証に用いる企業が上場している東京証券取引所の市場構造をもとに確認する。

東京証券取引所は，投資家から出された売買注文にもとづいて相場が形成されるオーダー・ドリブン型[1]の市場である。売買に際し投資家は，希望する価格（気配価格）および数量を指定する指値注文と数量のみを指定する成行注文のいずれかを出すことができる。つまり投資家が出すことができる注文は，売り指値，買い指値，売り成行，買い成行の4パターンとなる。投資家から出された指値の売買注文は，売買希望価格である気配価格ごとに売買を希望する数量を表示した一覧表（板とよばれる）に現れるため，投資家は市場に出された売買注文の様子を観察することができる。投資家は，証券をできるだけ安い価格で買い，高い価格で売りたいと考えるのが一般的である。そのため，板には買い気配価格に比べて相対的に高い売り気配価格が提示されているのが普通で

ある。

　取引は，9時から11時30分までの前場[2]と12時30分から15時までの後場の時間帯に行われ，各場の最初と最後の取引は板寄せ，取引が開始されればザラバとそれぞれ異なった価格決定方式によって取引が行われる。

　板寄せは，投資家から受けた注文を一括して処理する方法である。東京証券取引所では，前場（後場）の取引開始の1時間（25分）前から注文を受け付けており，取引開始時刻にはさまざまな価格帯で売り注文と買い注文が交錯した状態となる。このような状況では，板寄せによって，売買注文を優先順位の高いものから順次対応させながら[3]，数量的に合致する値段を求め，その値段を約定価格として売買契約を締結させる。板寄せによって始値（＝約定価格）が決定されると，ザラバへと移行して売買が行われる。

　ザラバでは，投資家からの注文をもとに，価格優先の原則，時間優先の原則の順にもとづいて取引が約定されていく。まず価格優先の原則は，買い注文では高い価格を指定している方が，売り注文では安い価格を指定している方が先に約定されるというものである。次に時間優先の原則とは，同一値段の指値注文は，発注時刻の早い方が優先して売買が成立するというものである。

　すでに発注されている売り注文（または買い注文）の価格と，新たに投資家より出された買い注文（または売り注文）の価格が合致したときに，その価格で売買が成立し，該当する数量が板から消える。このとき，すでに発注されている売買注文は指値注文であり，新たに投資家から出された売買注文は成行注文であることが一般的である。つまり，外部から観察可能なのは気配価格となって現れる指値注文であり，売り注文価格のうち最も安い価格（最良売り気配価格）と買い注文価格のうち最も高い価格（最良買い気配価格）の注文が成立しやすいといえる。これら投資家の一連の行動は，板を観察すればわかり，投資家は板を参照しながら売買の意思決定を行うことができる。

　このような条件のもとでは，指値注文を出す投資家の方が成行注文を出す投資家に比べて相対的に不利な立場にあるといえる。なぜならば，成行注文を出す投資家は，自身が保有する情報にもとづき証券の価値を評価し，気配価格の

状況をみたうえで,自身に有利になるようなタイミングで売買を行うことができるためである。

指値注文を出す投資家の不利は,市場参加者の間に情報格差が存在し,情報優位にある投資家の割合やその投資家のもつ情報の精度が高くなればなるほど,よりいっそう顕著なものとなる。指値注文を出す投資家がそうした事態から身を守る1つの手段は,株式を売却する場合にはできるかぎり高い価格の指値売り注文を出し,株式を購入する場合にはできるかぎり安い価格の指値買い注文を出すことである。もう1つの手段は,株式の売買そのものを手控えることである。これらの投資家の行動によって,指値注文にもとづく売り気配価格と買い気配価格の差額として定義されるビッド・アスク・スプレッドが拡大したり,指値注文として出される売買注文の株式数合計であるデプスが少なくなったりする現象として現れることになる。このことは,ビッド・アスク・スプレッドやデプスが証券市場における投資家間の情報の非対称性を表す尺度になりうることを示唆している(Glosten and Milgrom, 1985: Lee et al., 1993)。

(2) 実証モデル

本章では仮説を検証するために,投資家間の情報の非対称性(information asymmetry)を示すビッド・アスク・スプレッド(SPR)またはデプス(DEP)を従属変数,研究開発集約度とその比較のための無形資産集約度の指標を独立変数とする次の多変量回帰モデルを設定する。なお,変数の添え字は,企業 i の t 年度のものであることを示している。

$$Information\ Asymmetry_{i,t} = \alpha_0 + \alpha_1 dRD_{i,t} + \alpha_2 dADV_{i,t} + \alpha_3 dBSINTAN_{i,t} + \alpha_4 VOL_{i,t} + \alpha_5 MVE_{i,t} + \alpha_6 VAR_{i,t} + Year\ Dummy + \varepsilon_{i,t}$$

SPRは各取引日の前場,後場の終了時における,最良売り気配価格から最良買い気配価格を控除した差額を事業年度(4月1日から3月31日まで)内で合計したものを,事業年度内の前場・後場の数の合計で割り算した単純平均である。

ここでの気配価格は，売買注文を出すことができる最低価格である呼値の刻み[4]を考慮して調整され，ティックを単位として計算されている。呼値の刻みは価格帯に応じて異なる。たとえば2009年12月30日までは，最良売り気配が1,990円，最良買い気配が1,980円のとき，この価格帯では1円刻みに注文を出すことができるため，気配値の差額である10円のスプレッドは10ティックとして計算される。また最良売り気配が2,100円，最良買い気配が2,090円のときもスプレッドは10円であるが，この価格帯の呼値の刻みは5円であるから2ティックとして計算している。

　*DEP*は前場，後場の終了時点で，最良売り気配価格および最良買い気配価格に待機している株式数の合計を最小売買単位で割り算したものを事業年度内で合計し，事業年度内の前場・後場の日数の合計で割り算している。

　無形資産集約度の指標は年度ごとに次のように計算する。*dRD*は売上高に対する研究開発費の割合がサンプルの上位20％であれば1，そうでなければゼロのダミー変数である。*dADV*は売上高に対する広告宣伝費の割合がサンプルの上位20％であれば1，そうでなければゼロのダミー変数である。*dBSINTAN*は総資産に対する無形資産の割合がサンプルの上位20％であれば1，そうでなければゼロのダミー変数である。

　研究開発集約度の高い企業ほど，投資家間の情報の非対称性が悪化しているとすれば，ビッド・アスク・スプレッドが拡大しデプスが減少していることが予想される。このとき研究開発集約度の係数は，ビッド・アスク・スプレッドのケースがプラス，デプスのケースがマイナスになることが予想される。

　またスプレッドおよびデプスにはさまざまな影響を与える要因があることが指摘されており，これらの影響をコントロールする必要がある。*VOL*は株式売買の活発さを示す変数であり，発行済株式数で割り算した1日当たりの平均売買株数である。*MVE*は企業規模であり，各取引日の終値×発行済株式数として算定される時価総額の平均値である。*VAR*は株価のボラティリティを示す変数であり，日次株価変化率の標準偏差である。先行研究にもとづけば，株式の売買が活発な企業，規模の大きい企業，または株価の変動が小さい企業ほ

ど，ビッド・アスク・スプレッドが小さく，デプスが大きくなることが期待される。これらのコントロール変数は，従属変数と同様に，事業年度全体にわたって計算したものである。年次ダミー（*Year Dummy*）は，次項で示すようにビッド・アスク・スプレッドとデプスが時系列で大きく変化していることから回帰式に含めている。

(3) ビッド・アスク・スプレッドとデプスの時系列推移

図表6-1は，本章で分析に用いている年平均のビッド・アスク・スプレッド（*SPR*）とデプス（*DEP*）の推移を示したものである。先述のように，各取引日の前場，後場の終了時における，①最良売り気配価格から最良買い気配価格を控除したものの年平均が*SPR*，②最良売り気配価格および最良買い気配価格に待機している株式数の合計を最小売買単位で割り算したものの年平均値が*DEP*である。図表6-1から，2008年のリーマンショック前後の時期を除いて，年を追うごとにおおむね*SPR*は減少し，*DEP*は増加しており，市場の流動性は改善する傾向があることがわかる。

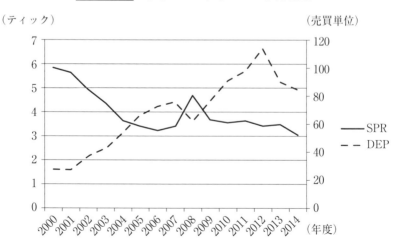

図表6-1　平均SPRと平均DEPの時系列推移

第4節 サンプルと基本統計量

仮説を検証するためのサンプルは，東京証券取引所第一部に上場する金融業（銀行・証券・保険）を除く企業で，以下の要件を満足するものである。①2000年度から2014年度までの3月決算の連結財務諸表データ（会計期間は1年）が日経NEEDS Financial QUESTから利用可能であること。②証券市場変数のデータ（1日につき，前場・後場の2個）が少なくとも各事業年度につき400個以上にわたって日経個別株式ティック・データから利用可能であること。以上の要件を満たすサンプルは全部で，16,180企業×年である。なお，外れ値が分析に与える影響を緩和するために，ダミー変数を除く各変数の上（下）1％の範囲に含まれるものは，それぞれ上（下）1％の値に置換している。

図表6－2は検証に用いる各変数の基本統計量を示したものであり，図表6

図表6－2 基本統計量（$N=16,180$）

変数	平均値	標準偏差	最小値	中央値	最大値
SPR	3.909	3.761	1.026	2.629	31.889
$ln(SPR)$	1.079	0.698	0.026	0.967	3.462
DEP	70.739	207.368	3.180	17.036	2577.886
$ln(DEP)$	3.115	1.255	1.157	2.835	7.855
dRD	0.200	0.400	0.000	0.000	1.000
$dADV$	0.200	0.400	0.000	0.000	1.000
$dBSINTAN$	0.200	0.400	0.000	0.000	1.000
VOL	0.004	0.005	0.000	0.003	0.052
$ln(VOL)$	－6.012	1.015	－8.520	－5.963	－2.960
MVE	203,000	481,000	2,400	39,900	4,350,000
$ln(MVE)$	24.660	1.566	21.598	24.409	29.101
VAR	0.024	0.009	0.007	0.022	0.063
$ln(VAR)$	－3.808	0.376	－5.023	－3.807	－2.769

（注）MVEのみ表示上，百万円単位としている。

－3は変数間の相関を示したものである。

相関係数から，SPRと研究開発投資をはじめとした無形資産の各変数とは，予想されたようにプラスの関係であった。また，コントロールのための株式取引高（VOL）と時価総額（MVE）に対しては，先行研究と同様にマイナスの関係を有していることがわかる。一方，DEPと無形資産の関係はプラスとなっており，相関係数からは仮説と整合的な結果は観察されなかった。コントロールのための株式取引高と時価総額については，予想されたようにプラスの関係を有していた。

また回帰分析において同時に使用する変数のうち，株式取引高と株価のボラティリティとの相関が高いため，それぞれの変数のみを除いたパターンの分析も行ったが，結果は以下で報告するものと同様であった。

図表6－3 相関係数（N=16,180）

	$ln(SPR)$	$ln(DEP)$	dRD	$dADV$	$dBSINTAN$	$ln(VOL)$	$ln(MVE)$	$ln(VAR)$
$ln(SPR)$	−							
$ln(DEP)$	−0.633	−						
dRD	0.024	0.044	−					
$dADV$	0.026	0.077	0.070	−				
$dBSINTAN$	0.009	0.140	0.081	0.155	−			
$ln(VOL)$	−0.485	0.549	0.119	0.011	0.069	−		
$ln(MVE)$	−0.233	0.523	0.195	0.145	0.212	0.305	−	
$ln(VAR)$	−0.044	0.130	0.031	−0.075	−0.014	0.438	−0.143	−

第5節 分析結果

(1) 分析結果

実証モデルの係数は，最小二乗法によって推定している。図表6－4は，2000年度から2014年度までの15年間にわたるデータをプールした推定結果を示

図表6－4 実証モデルの推定結果（N=16,180）

	$ln(SPR)$ 係数	$ln(SPR)$ t値	$ln(DEP)$ 係数	$ln(DEP)$ t値
切片	1.055	2.84	−1.571	−1.86
dRD	0.163	5.12	−0.289	−5.54
dADV	0.076	2.32	0.045	0.84
dBSINTAN	0.095	3.64	0.081	1.81
$ln(VOL)$	−0.392	−17.98	0.582	9.92
$ln(MVE)$	−0.036	−2.78	0.324	10.83
$ln(VAR)$	0.366	4.42	−0.087	−0.59
Year Dummy	Included		Included	
$Adj.R^2$	0.304		0.467	

（注）t値は，Petersen（2009）の方法で企業×年に基づきクラスター補正した標準誤差を用いて算定している。

したものである。ビッド・アスク・スプレッドを従属変数とした場合，無形資産集約度に関する3つの指標はすべて有意なプラスの符号をもっている。そのうち，研究開発費（dRD）とオンバランスされた無形資産（dBSINTAN）がとくに高い有意水準となっている。この結果は，研究開発集約的な企業や広告宣伝費またはオンバランスされた無形資産が多い企業ほど，投資家間の情報の非対称性が悪化しており，ビッド・アスク・スプレッドが拡大していることを示唆している。一方，デプスを従属変数とした場合，統計的に有意なマイナスの符号をもつのは，研究開発費（dRD）のみである。このことは，研究開発集約的な企業ほど，デプスが有意に低下していることを意味する。一方，オンバランスされた無形資産は，有意なプラスの値となっており，デプスが拡大していることを示している。コントロール変数については，株価の変動が大きい企業ほどデプスが縮小しているという結果が有意ではないことを除けば，先行研究の結果と基本的に首尾一貫している。

(2) 頑健性の確認

 分析結果の頑健性を確かめるために，いくつかの追加分析を行った。まず各変数の定義を考えられうる代替的なものに変更した。

 ビッド・アスク・スプレッドの定義として，最良売り気配価格から最良買い気配価格を控除した差額に，最小売買単位を掛け算したものを用いた。これは，指値注文ではなく成行注文を出すことで，株式売買の即時執行を求めた投資家が最小売買単位につき余分に支払わなければならない取引費用の追加分を表す。分析の結果，研究開発費のみが有意にスプレッドの拡大に影響していることが示された。最良売り気配価格から最良買い気配価格を控除した差額を，その平均で除した相対スプレッドを用いた場合は，研究開発費，広告宣伝費，オンバランスされた無形資産ともスプレッドの拡大に影響していることが示された。

 また無形資産集約度の定義を変更（ダミー変数の基準を上位20％から上位10％または上位30％に変えたり，比率そのものを使用）した検証を行った。コントロール変数について，時価総額から株価水準に変更した場合，証券市場変数のデータが利用可能な数を300個や200個に緩和した場合についても，前述の分析を繰り返した。いずれの場合も分析結果は，前述のものと基本的に同じであった。

第6節　要　　約

 本章では，研究開発集約的な企業を評価する投資家の行動について，投資家間の情報の非対称性に関する分析を行った。

 投資家にとって，追加的な情報収集・分析活動が必要な研究開発集約的な企業では，ビッド・アスク・スプレッドが拡大し，かつデプスが低下する傾向が確認された。これは，証券市場に参加する投資家間の情報の非対称性が悪化していることを示唆している。

 またその他の無形資産については，広告宣伝費やオンバランスされた無形資

産の金額にもとづいて集約度の指標を定義した場合，両集約度ともスプレッドとデプスの拡大に影響していることが示された。

　情報の非対称性の悪化がスプレッドの拡大とデプスの縮小に結びつくとする仮説に合致しているのは，無形資産のなかでも研究開発集約度のみである。このことからも，研究開発集約度が情報の非対称性の拡大に大きな影響を与えている可能性が高い。

　追加分析の結果もふまえると，無形資産集約的な企業のなかでも，特に研究開発に積極的な投資を行っている企業ほど，証券市場参加者の意思決定に重大な影響を及ぼしているというのが本章の結論である。

●注
1　これに対してマーケット・メーカーが提示する売り気配価格および買い気配価格によって売買が行われる市場はクオート・ドリブン型の市場とよばれる。たとえばニューヨーク証券取引所では，特定の銘柄を専門に取引するスペシャリストと呼ばれるマーケット・メーカーが，株式の売買を希望する投資家に対して連続的に気配価格を提示することによって，株式市場の相場が形成される。
2　2011年11月21日以前は，前場の取引時間は9時から11時までであった。
3　具体的には，以下の3つの条件を満たす値段で売買が成立する。①成行の売り注文と買い注文すべてについて約定すること，②約定値段より高い買い注文と，約定値段より低い売り注文がすべて約定すること，③約定値段において，売り注文または買い注文のいずれか一方すべてについて約定すること。
4　呼値の刻みは，検証期間内において，3回（2008年7月22日まで，2009年12月30日まで，2014年1月10日までの期間）変化している。さらにTOPIX100構成銘柄については2014年から変化している。

研究開発集約企業とディスクロージャー

第1節 はじめに

　本章の目的は,企業のディスクロージャー活動が投資家のもつ将来利益の予想にどのような影響を与えているのかを検証することにある。特に研究開発集約企業では,どのような情報開示が有用となるのかを明らかにする。

　企業内部者のもつ情報は,企業外部者のそれと比べて質・量ともに優れており,情報開示によって両者間における情報の非対称性が緩和されれば,利害関係者はより適切な意思決定を行うことができるようになると考えられる。

　なかでも投資家は,企業の将来業績に強い関心をもっており,その予測に有用な情報を得ることができれば,より精度の高い将来利益予想を行うことが可能となる。つまりディスクロージャー活動が積極的に行われている企業であれば,投資家は当該企業についてさまざまな情報を入手しやすく,将来利益の予想をより適切に行うものと考えられる。

　とくに研究開発活動に積極的な企業は,継続的な資金調達の観点からも,研究開発活動およびそれに関連する情報を多く開示する傾向がある。ただしディスクロージャーについては,量だけでなく質も重要な要素となる。ディスクロージャーを評価する観点はいくつかあり,企業の事業特性によって重要とな

る観点は異なる。本章では，ディスクロージャーのどのような観点が研究開発集約的な企業の価値評価を行う場合に有用となるのかを日本の証券・財務データを使用し分析を行う。

本章の構成は以下のとおりである。第2節では，日本における企業の情報開示の概要とディスクロージャーが企業活動に与える影響を扱った先行研究をレビューし，本章での検証仮説を提示する。第3節では，検証に使用するモデルの概要および変数の計算方法を示す。続く第4節では，使用するサンプルの抽出条件と記述統計量を，第5節では，回帰分析の結果を示す。最後に第6節では，検証結果の要約と今後の課題について述べる。

第2節 先行研究と仮説の設定

(1) 企業の情報開示

日本において，企業によるディスクロージャーにはさまざまあるが，開示を強制する度合いの強さから大きく3つに分類することができる。まず最も強く開示を強制しているのは，会社法や金融商品取引法などの法律によって行われる法定開示である。たとえば金融商品取引法では，有価証券報告書は当該事業年度の経過後3ヵ月以内に提出する必要があり，提出された報告書は金融庁が運営するホームページ（Electronic Disclosure for Investors' NETwork: EDINET）などで閲覧することができる。各法律によって開示される項目や開示の方法などが詳細に規定されており，違反行為や虚偽記載があれば法的な責任を負わなくてはならない[1]。

次に実質的に法的開示に近いものとして，金融商品取引所による適時開示が挙げられる。これは迅速な情報開示が，証券市場における有価証券売買の意思決定に際し重要であることから行われている。上場企業に対して，決算発表後，速やかに決算短信の公表を義務づけているのはこの一例である。決算短信には

財務数値の概要や経営者による利益予想が含まれており，有価証券報告書と同程度の質および量の情報が公開されることも多い。

最後に企業の自主的な情報開示であるインベスター・リレーションズがある。企業のホームページ上では，製品や環境問題への取り組みに関する情報が文章や画像，ときには動画のかたちで掲載されている。また決算説明会やミーティング，工場の見学会の開催などを行っている企業もある。このようにインベスター・リレーションズでは，開示する情報の種類，開示の方法やタイミングなどが企業に任せられているという特徴がある。

法定開示や適時開示は開示項目および開示方法について，企業が自由に選択できる余地が少ないため，自主的な開示に比べて，利害関係者が得ることのできる情報に大きな差異を与えにくい。つまり投資家にとって利用可能な情報の質および量が企業間で大きく異なるのは，企業が自発的な開示を行った場合であると考えられる。そのため本章では，自発的な開示を中心とした企業のディスクロージャーが投資家の意思決定に与える影響を分析している。

(2) 情報開示が資金調達コストに与える影響

多くの利害関係者をもつ企業にとって，ディスクロージャー活動が企業経営に与える影響は少なくない。その1つが企業の資金調達に与える影響である。たとえばBotosan and Plumlee (2002) はアニュアル・レポートにおいて，積極的な情報開示を行う企業ほど資本コストが小さくなることを発見している。同様の仮説を日本のデータを用いて検証した音川 (2000) では，日本証券アナリスト協会のディスクロージャー・ランキングを用いて，積極的なディスクロージャー活動を行っている企業ほど資本コストが低くなる傾向があることを示している。また須田・首藤・太田 (2004a) ではディスクロージャー・ランキングにおいて各業種3位以内に表彰されている企業の資本コストは，4位以下の企業よりも有意に小さいことを例証した。

一方負債コストに与える影響については，Sengupta (1998) が評価の高い情報開示を行っている企業ほど，負債コストが小さくなることを示した。日本に

おいても須田・首藤・太田（2004b）において，ディスクロージャーの質が高い企業ほど負債コストは低くなるという結果を得ている。

　これら先行研究からは総じて，積極的なディスクロージャー活動は資本調達コストを引き下げる傾向があるということがわかる。しかし，なぜ積極的なディスクロージャー活動が資本調達コストの低減に結びつくのであろうか。その答えの1つを示したのがLundholm and Myers（2002）およびGelb and Zarowin（2002）である。彼らは，ディスクロージャー活動について高い評価を得ている企業は，将来業績を判断する材料を多く提供しており，そのため当期リターンには将来利益についての情報が強く反映されていることを示した。これは企業のディスクロージャー活動によって将来業績を予想しやすくなることが，投資家にとっては不確実性を減らすことになり，資本調達コストの低減に結びついていることを示唆している。本章ではLundholm and Myers（2002）と同様の検証仮説を設定し，日本のデータを用いて検証を行う。

　仮説1　積極的なディスクロージャー活動を行う企業ほど，当期リターンに反映されている将来利益情報は多くなる。

　また企業の規模や事業内容といった特性によって利害関係者の求める情報は異なっており，ディスクロージャーによる情報の価値は変わってくる。榊原ほか（2007）ではアナリストによるアンケートを用い，アナリストが企業評価を行う際に，大企業よりも中小企業の方が評価の確信度が低く，それゆえ非財務的情報の重要性が相対的に高くなる結果を示した。これは情報の入手が比較的困難な環境では，ディスクロージャーの意味合いが大きくなることを示唆している。さらに榊原ほかでは，企業を知識集約型，労働集約型，資本集約型に分けた調査を行っている。評価の確信度は知識集約型，労働集約型，資本集約型の順に大きくなり，それと反比例するように非財務的情報の重要性は低くなっていくことが明らかになった。またJones（2007）は研究開発集約企業において，通常の情報開示に加えて，自発的な情報開示を行うことは証券アナリストの利

益予測の精度を向上させるという証拠を得ている。これら先行研究からは，研究開発集約企業に代表される知識集約企業を評価する際には，非財務情報をはじめとした自発的な情報が有用となることが考えられる。

仮説2 研究開発集約的な企業では，自発的な開示項目が多い企業ほど，当期リターンに反映されている将来利益情報は多くなる。

第3節 ディスクロージャー活動の評価と実証モデル

(1) ディスクロージャー活動の評価

企業のディスクロージャー活動に対する積極性は，日本証券アナリスト協会による「証券アナリストによるディスクロージャー優良企業選定（以下，ディスクロージャー・ランキング）」をもとに測定している。

ディスクロージャー・ランキングでは業種別にアナリストがチームを作り，業種内の企業について予め決められた項目にもとづいて合議のうえ評価を行い，順位（総合，項目別）とあわせて総合得点および項目別得点が公表されている。たとえば，本検証に用いられる2004年度では10業種148社が対象となっており，その概要は図表7-1のとおりである。

図表7-1からもわかるように，評価項目および総合評価における項目のウエイトが年度および業種ごとに異なっており，総合得点や順位をそのまま検証に用いることができない。そこで年度・業種間での比較可能性を担保するために，以下のような変換を行った。まず総合得点および項目別得点をもとに業種内でのランキング（最低得点を1位とする）を確定し，（ランキング-1）/（所属企業数-1）を求める。これにより0（得点が低いとき）から1（得点が高いとき）までの値をとる変数を作成することができる。これをディスクロー

図表7-1 ディスクロージャー・ランキングの概要

項　目	内　　容
評価対象	東証一部上場の企業（選択業種内での時価総額上位企業であり，選択される業種も年度ごとに変更あり）
評価項目	①　経営陣のIR姿勢，IR部門の機能，IRの基本スタンス ②　説明会，インタビュー，説明資料等における開示および四半期開示 ③　フェア・ディスクロージャー ④　コーポレート・ガバナンスに関連する情報の開示 ⑤　各企業の状況に即した自主的な情報開示 ※年度によって項目変更あり[2]。各項目のウエイトは採点を担当するアナリストらによって決定。
公表内容	業種別に各評価項目別得点，総合得点（満点：100点）および順位。

ジャー活動評価の変数として用いる。

(2) 実証モデル

　株価変化に含まれる将来利益情報を調査するため，Collins et al. (1994) をもとにしたモデルを使用する。Collins et al. (1994) は当期株式リターンと当期利益の関連性の低さの原因について考察するため，当期株式リターンが当期利益についての期待外部分と将来利益に対する期待の変化部分とによって説明されるというモデルを設定した。検証の結果，彼らは当期のリターンには当期利益についての情報だけではなく，将来利益の期待の変化分についても反映されているという証拠を得た。これは客観性，検証可能性の重視や保守主義といった発生主義会計の特徴によるものであり，当期に発生したある事象を会計数値は即座に反映しないが，会計情報利用者は将来キャッシュ・フローに影響を与えるものとして取り扱っている場合があることを示唆している。

　この結果をもとにLundholm and Myers (2002) では，当期の期待外利益と将来利益の期待に関する部分を，前期，当期および将来の利益と将来株式リターンによって次のように表現した。

第7章　研究開発集約企業とディスクロージャー

$$R_t = \alpha_0 + \alpha_1 X_{t-1} + \alpha_2 X_t + \alpha_3 X3_t + \alpha_4 R3_t + \varepsilon_t$$

　ここでR_tは配当込みの年次株式リターン，X_{t-1}は$t-1$期の当期純利益，X_tはt期の当期純利益をそれぞれ表す。$X3_t$は$t+1$期から$t+3$期までの当期純利益の合計，$R3_t$は$t+1$期から$t+3$期までの配当込みの株式リターンを示している。またε_tは誤差項である。

　右辺の第2項と第3項が当期利益に対する期待外の部分に相当しており，2変数に分解しているのは期待値を柔軟に表現するためである。つまり利益額の期待値がランダム・ウォークに従うとき，X_{t-1}とX_tの符号は逆でその絶対値は等しくなり，X_{t-1}が0であればホワイト・ノイズによると解される。

　次に将来利益に対する期待の部分が$X3_t$と$R3_t$とによって表されている。それぞれ将来3期間にわたる利益と株式リターンであり，これら変数を用いる理由は以下のとおりである。モデルは理論的には将来期間すべてにわたる期待値を取り扱っているため，データも永久期間のものを使用しなくてはならないが，先行研究をもとに市場において投資家が見積もるのは3期先までであるとしている。また将来利益の期待値の代理変数として将来の実現利益を用いた場合，期待の形成時には予期していなかった期待外の部分が測定誤差として混入する。この期待外部分は将来期間において株価変化をもたらすと考えられるため，測定誤差の影響をコントロールするために将来の株式リターンが用いられている。このように将来利益を独立に回帰式に含めることによって，当期リターンに占める将来利益の大きさを測定することができる。株価変化に対する将来利益の係数は将来利益反応係数（future earnings response coefficients）ともよばれる。これをもとに，仮説を検証するためのモデルを設定する。

$$R_t = \beta_0 + \beta_1 X_{t-1} + \beta_2 X_t + \beta_3 X3_t + \beta_4 R3_t \\ + \beta_5 D_t + \beta_6 D_t * X_{t-1} + \beta_7 D_t * X_t + \beta_8 D_t * X3_t + \beta_9 D_t * R3_t + \varepsilon_t$$

　D_tはt期におけるディスクロージャー活動の評価を表す変数であり，0（低評

価)から1(高評価)の間の値をとる。当期リターンに将来利益の情報がより多く反映されているとき,D_t*X3_tの係数が有意にプラスの値となる。仮説1は,D_tを総合評価と項目別評価とし,いずれのD_t*X3_tの係数が有意にプラスの値となるかを確認する。また仮説2では,研究開発集約度の高いグループにおいて,D_tを自主的情報開示の評価としたときのD_t*X3_tの係数が有意にプラスの値となるかを検討する。

当期の株式リターン(配当込み)は,前会計年度終了月の3ヵ月後から開始する12ヵ月分を測定している。これは決算月の3ヵ月後には公表された利益情報が株価に織り込まれることを想定したものである。また利益の各変数は,前会計年度終了月の3ヵ月後(株式リターンの計算の開始時点)における株式時価総額によってデフレートされている。

将来利益の係数に影響を与えると考えられる項目として,以下の4つをコントロール変数として用いた。まず純損失の回数(NEG)であるが,マイナスの将来利益は,通常の利益の持続性から推定されるプラスの利益より予想がしにくい。次に企業規模($SIZE$)であるが,大企業ほど多くの情報に接する機会が多く,将来利益を予想しやすくなる。企業の成長率($GROWTH$)であるが,これは高成長企業ほど企業は積極的な情報開示を行うため,将来利益反応係数が大きくなることが考えられる。将来利益の変動($EARNSTD$)は,これが大きい企業の将来利益予測ほど困難であり,将来利益反応係数にマイナスの影響を与えることからコントロール変数としている。これらコントロール変数を回帰式に含めて分析を行った。

$$R_t = \gamma_0 + \gamma_1 X_{t-1} + \gamma_2 X_t + \gamma_3 X3_t + \gamma_4 R3_t$$
$$+ \gamma_5 D_t + \gamma_6 D_t * X_{t-1} + \gamma_7 D_t * X_t + \gamma_8 D_t * X3_t + \gamma_9 D_t * R3_t$$
$$+ \gamma_{10} NEG_t + \gamma_{11} NEG_t * X3_t + \gamma_{12} SIZE_t + \gamma_{13} SIZE_t * X3_t + \gamma_{14} GROWTH_t$$
$$+ \gamma_{15} GROWTH_t * X3_t + \gamma_{16} EARNSTD_t + \gamma_{17} EARNSTD_t * X3_t + \varepsilon_t$$

NEG_tは$t+1$期から$t+3$期までの当期純損失の回数を表す変数であり,0(純損

失0回）から1（純損失3回）の間で等間隔で割り当てられている。$SIZE_t$ は t 期首の株式時価総額を対数変換したものである。$GROWTH_t$ は $t-1$ 期から t 期までの利益の変化額を総資産額で割ったものである。$EARNSTD_t$ は $t+1$ 期から $t+3$ 期までの利益の標準偏差を示している。また ε_t は誤差項を示している。

第4節 サンプルと基本統計量

　サンプルは2004年度から2012年度までのディスクロージャー・ランキングの対象となった企業（銀行・証券・保険を除く15種類）である。ディスクロージャー・ランキングの公表は，1994年度を対象としたものから行われているが，2004年度から評価項目が1つ増え5つとなったことを受け，年度間のデータの比較可能性を確保するために前述のような期間となった。

　株式リターンおよび財務数値については，日経NEEDS Financial QUESTから入手した。データ取得が可能であったサンプルから，①利益または利益変化の絶対値が時価総額より大きい，または②特別利益または特別損失が時価総額の50％以上であるものについては除外した。これら要件は，あまりにも急激な利益額の変動をもつ企業に関しては期待値の形成が通常と異なること，およびこれら外れ値の推定に与える影響を考慮して設定されている。結果，最終的なサンプルは1,548企業×年となった。

　図表7-2が最終サンプルの基本統計量であり，図表7-3が各変数のピアソン相関係数を示したものである。図表7-3では右上に，各変数から当該年度の産業平均を控除した年度・業種調整後の変数の相関係数を示している。

　ディスクロージャー・ランキング変数は年度・業種ごとにおける相対的な値のため，以後の検証においては各変数も年度・業種の平均値を引いて調整している。なお，表中の DR_t は総合評価を，$D1_t$ から $D5_t$ は図表7-1の評価項目①から⑤をそれぞれ指している。

　調整前，調整後の変数ともに当期リターンに対して，当期利益（X_t），将来

図表7－2 基本統計量（N=1,548）

	平均値	標準偏差	最小値	中央値	最大値
R_t	0.045	0.323	−0.668	0.005	2.654
X_{t-1}	0.038	0.071	−0.538	0.046	0.227
X_t	0.041	0.068	−0.522	0.048	0.230
$X3_t$	0.156	0.205	−0.809	0.148	1.515
$R3_t$	0.264	0.732	−0.802	0.101	4.385
NEG_t	0.060	0.189	0.000	0.000	1.000
$SIZE_t$	13.205	1.050	10.601	13.168	16.096
$GROWTH_t$	0.000	0.032	−0.221	0.002	0.195
$EARNSTD_t$	0.048	0.071	0.002	0.027	0.630

図表7－3 相関係数（N=1,548）

	R_t	X_{t-1}	X_t	$X3_t$	$R3_t$	DR_t	$D1_t$
R_t	−	−0.020	0.251	0.383	−0.086	0.153	0.151
X_{t-1}	0.000	−	0.369	0.145	−0.011	0.099	0.070
X_t	0.325	0.369	−	0.349	0.003	0.149	0.103
$X3_t$	0.443	0.148	0.380	−	0.342	0.186	0.151
$R3_t$	−0.073	−0.004	0.018	0.412	−	0.027	−0.001
DR_t	0.115	0.091	0.135	0.156	0.023	−	0.854
$D1_t$	0.111	0.065	0.091	0.131	0.004	0.854	−
$D2_t$	0.111	0.089	0.126	0.142	0.020	0.853	0.710
$D3_t$	0.069	0.048	0.090	0.097	0.008	0.773	0.577
$D4_t$	0.136	0.129	0.202	0.176	0.007	0.772	0.666
$D5_t$	0.067	0.032	0.084	0.095	0.022	0.711	0.556
NEG_t	−0.243	−0.164	−0.253	−0.487	−0.129	−0.094	−0.067
$SIZE_t$	−0.050	0.128	0.063	−0.064	−0.148	0.262	0.123
$GROWTH_t$	0.298	−0.420	0.492	0.167	0.025	0.047	0.045
$EARNSTD_t$	0.006	−0.244	−0.283	−0.287	−0.018	−0.028	−0.004

第7章　研究開発集約企業とディスクロージャー

利益（$X3_t$）が予想されるプラスの符号となっている。またディスクロージャー活動についての評価が高い企業ほど株式リターンと当期利益が高くなる傾向が観察され，これは良いニュースのある企業ほど積極的な情報開示を行うというLang and Lundholm（1993）の結果と一致する。

　年度・業種により調整された変数のうち，同時に分析に用いる変数間の相関が高いのは，将来利益と純損失，成長率と前期利益・当期利益である。これらコントロール変数を除いた場合でも結果に大きな違いはなかった。

$D2_t$	$D3_t$	$D4_t$	$D5_t$	NEG_t	$SIZE_t$	$GROWTH_t$	$EARNSTD_t$
0.143	0.091	0.198	0.097	−0.162	−0.019	0.247	−0.008
0.098	0.056	0.151	0.026	−0.187	0.155	−0.432	−0.257
0.137	0.113	0.236	0.094	−0.198	0.101	0.438	−0.312
0.168	0.120	0.220	0.116	−0.445	−0.020	0.155	−0.340
0.022	0.018	0.009	0.032	−0.103	−0.080	−0.022	−0.012
0.853	0.773	0.772	0.711	−0.099	0.289	0.049	−0.026
0.710	0.577	0.666	0.556	−0.068	0.133	0.055	0.004
−	0.614	0.668	0.510	−0.110	0.197	0.049	−0.021
0.614	−	0.587	0.569	−0.050	0.346	0.036	−0.009
0.668	0.587	−	0.514	−0.169	0.312	0.081	−0.100
0.510	0.569	0.514	−	−0.047	0.407	0.054	−0.003
−0.098	−0.041	−0.151	−0.045		−0.073	−0.051	0.397
0.191	0.321	0.279	0.356	0.045	−	−0.021	−0.096
0.047	0.026	0.069	0.041	−0.101	−0.042	−	−0.045
−0.017	−0.010	−0.098	−0.007	0.421	−0.008	−0.031	−

第5節 分析結果

(1) 仮説1の分析結果

　回帰分析を行った結果は図表7-4のとおりであり，左側が総合評価にもとづくランキングを用いたものであり，項目ごとの評価にもとづくランキングを用いた結果が続いている。

　総合評価の分析からは，将来利益との交差項の係数は10％水準で有意に正となっており，企業の情報公開が利益予想にプラスの影響を与えていることが示されている。先行研究においても，同様の結果が得られており，企業が行うディスクロージャー活動は総じて将来利益予想に有用であることがわかる。

　ではディスクロージャー活動のどのような項目が，将来利益予想に大きな影響を与えているのだろうか。総合評価を構成する各項目別に，同様の分析を行った。将来利益との交差項にかかる係数は，経営陣のIRの姿勢等，コーポレート・ガバナンス関連の項目では5％水準で，説明会等は10％水準で有意な正の値となっている。一方，フェア・ディスクロージャーと自主的情報開示については，符号は正であったが有意な値ではなかった。

(2) 仮説2の分析結果

　仮説2では，研究開発集約的な企業を評価する際に，自主的な開示項目が多い企業ほど，当期リターンに反映されている将来利益情報は多くなるかを検証している。

　先の仮説1の検証において，自主的情報開示については，将来利益の符号は正であったが有意な値ではなく，全体として両者の間に強い関連性が見られなかった。そこで投資家が意思決定にあたって追加的な情報が必要となる研究開発集約的な企業に限定して，自発的な情報開示が将来利益予想に有用であるかを分析した結果が図表7-5である。

第7章 研究開発集約企業とディスクロージャー

図表7-4 仮説1の分析結果 (N=1,548)

DR=	予想符号	総合評価 係数	総合評価 t値	①経営陣のIR姿勢等 係数	①経営陣のIR姿勢等 t値	②説明会等 係数	②説明会等 t値	③フェア・ディスクロージャー 係数	③フェア・ディスクロージャー t値	④コーポレート・ガバナンス関連 係数	④コーポレート・ガバナンス関連 t値	⑤自主的情報開示 係数	⑤自主的情報開示 t値
切片		−0.033	−2.70	−0.032	−2.30	−0.029	−2.30	−0.019	−2.38	−0.047	−3.24	−0.025	−2.06
X_{t-1}	(−)	−0.199	−1.04	−0.266	−1.54	−0.265	−1.16	−0.294	−1.41	0.149	0.83	−0.138	−0.65
X_t	(+)	0.836	2.91	0.941	3.11	0.927	3.19	0.803	1.98	0.561	2.76	0.591	1.84
$X3_t$	(+)	0.451	4.52	0.382	4.73	0.421	4.29	0.498	3.05	0.395	4.90	0.526	3.62
$R3_t$	(−)	−0.049	−3.95	−0.047	−2.78	−0.047	−4.57	−0.071	−3.64	−0.057	−6.55	−0.056	−2.25
DR_t		0.053	2.25	0.049	1.86	0.044	1.79	0.025	1.67	0.079	2.98	0.038	1.72
DR_t*X_{t-1}		0.232	0.69	0.295	1.39	0.331	1.10	0.453	1.22	−0.571	−1.27	0.100	0.17
DR_t*X_t		−0.913	−2.27	−0.982	−2.54	−1.038	−2.26	−0.841	−1.44	−0.416	−1.07	−0.362	−0.68
DR_t*X3_t		0.355	1.83	0.489	3.17	0.410	1.93	0.282	0.96	0.447	3.46	0.224	0.80
DR_t*R3_t		−0.124	−3.43	−0.126	−2.79	−0.126	−3.08	−0.085	−1.95	−0.106	−3.05	−0.120	−3.04
NEG_t		−0.087	−1.72	−0.083	−1.63	−0.085	−1.73	−0.097	−1.72	−0.075	−1.50	−0.094	−1.83
NEG_t*X3_t	(−)	−0.240	−11.99	−0.242	−14.68	−0.237	−5.66	−0.300	−4.7	−0.202	−5.52	−0.298	−3.98
$SIZE_t$		−0.009	−0.85	−0.005	−0.47	−0.006	−0.63	−0.007	−0.63	−0.012	−1.09	−0.010	−0.92
$SIZE_t*X3_t$	(+)	−0.020	−0.57	−0.010	−0.28	−0.016	−0.46	−0.034	−0.75	−0.018	−0.53	−0.026	−0.54
$GROWTH_t$		1.213	3.02	1.180	3.14	1.193	3.00	1.233	2.86	1.118	2.59	1.178	2.72
$GROWTH_t*X3_t$	(+)	2.745	1.58	2.554	1.63	2.937	1.75	2.463	1.54	1.879	1.20	2.421	1.77
$EARNSTD_t$		0.507	2.12	0.493	2.14	0.504	2.06	0.547	2.12	0.509	2.11	0.537	2.16
$EARNSTD_t*X3_t$	(−)	−0.113	−0.28	−0.127	−0.33	−0.118	−0.28	−0.076	−0.18	−0.111	−0.29	−0.008	−0.02
$Adj.R^2$		0.277		0.281		0.277		0.271		0.283		0.273	

(注) t値は、Petersen (2009) の方法で企業×年に基づくクラスター補正した標準誤差を用いて算定している。

107

図表7-5 仮説2の分析結果

	Q1（低 R&D 集約度）($N=217$)		Q2 ($N=259$)		Q3 ($N=258$)		Q4 ($N=259$)		Q5（高 R&D 集約度）($N=312$)	
	係数	t値	係数	t値	係数	t値	係数	t値	係数	t値
切片	−0.029	−0.93	−0.059	−2.53	−0.013	−0.55	−0.029	−1.01	−0.031	−1.10
X_{t-1}	0.371	0.55	−0.270	−0.61	−1.129	−1.48	2.203	2.89	−0.501	−1.22
X_t	0.443	0.65	−0.527	−0.95	1.423	1.66	0.281	0.69	−0.488	−0.86
$X3_t$	1.058	2.58	0.609	1.86	0.597	3.59	0.424	1.87	0.489	1.42
$R3_t$	−0.141	−2.58	−0.134	−2.20	−0.099	−5.36	−0.041	−0.54	−0.055	−1.26
VD_t	0.025	0.48	0.068	2.19	0.014	0.37	0.067	1.42	0.048	1.13
$VD_i * X_{t-1}$	−0.287	−0.25	1.092	1.18	1.824	1.83	−3.949	−2.98	0.111	0.17
$VD_i * X_t$	−0.359	−0.50	1.220	1.61	−1.389	−1.76	1.205	1.48	0.730	0.88
$VD_i * X3_t$	−0.630	−1.40	0.137	0.24	−0.123	−0.61	0.681	1.98	0.198	0.37
$VD_i * R3_t$	0.122	1.12	−0.068	−1.54	0.011	0.18	−0.147	−1.29	−0.090	−1.67
NEG_t	−0.136	−0.92	−0.136	−1.07	−0.157	−3.42	0.094	0.72	−0.091	−1.54
$NEG_t * X3_t$	−0.139	−0.21	−0.961	−3.79	−0.342	−1.75	0.298	0.94	0.149	0.74
$SIZE_t$	0.020	0.70	−0.031	0.01	0.003	0.32	−0.035	−1.88	−0.016	−0.94
$SIZE_i * X3_t$	0.003	0.01	0.165	1.18	0.074	1.17	−0.257	−1.74	0.050	1.24
$GROWTH_t$	1.520	1.48	1.818	2.53	1.702	1.26	0.445	0.43	0.569	1.08
$GROWTH_i * X3_t$	−1.458	−0.30	3.424	0.72	3.774	1.79	1.913	0.40	1.671	0.66
$EARNSTD_t$	1.226	4.71	0.674	1.57	0.505	1.86	0.543	2.22	−0.043	−0.17
$EARNSTD_i * X3_t$	−4.296	−3.18	0.843	1.56	−0.003	−0.01	−0.639	−0.81	−0.150	−0.54
$Adj.R^2$	0.261		0.388		0.319		0.492		0.224	

（注）t値は，Petersen（2009）の方法で企業×年に基づきクラスター補正した標準誤差を用いて算定している。

　サンプルから研究開発費を計上していない企業を除き，年度×業種ごとに研究開発集約度が低いグループ（Q1）から高いグループ（Q5）までの5つに分割し，ディスクロージャー変数を自主的情報開示（voluntary disclosure: VD）として分析を行った。図表7－5からは，集約度が高いQ4において，自主的開示の程度と将来利益の交差項にかかる係数が有意な正の値となっていることがわかる。研究開発集約度の最も低いQ1や中程度のQ3では，将来利益との交差項の係数は有意ではないもののマイナスとなっている。また最も集約度の

高いＱ５では交差項の係数は有意ではないプラスの値であり，自主的な情報開示によってディスクロージャーの効果に差をつけることが難しいのがわかる。このことから，自主的な情報開示は研究開発集約度が比較的高い企業において特に有効となることが示された。

第6節 要　　約

　本章では，研究開発集約企業にとって，どのような情報開示が将来利益予測に役立っているのかを検討した。

　これに先立ちまず積極的なディスクロージャー活動を行う企業ほど当期リターンに反映されている将来利益情報が多くなるのか，またそうであるならばディスクロージャー活動のどのような側面がこの現象を強めるのかについて考察を行った。回帰分析の結果から，ディスクロージャー活動の総合的な評価が高い企業ほど，投資家は将来利益情報を多く織り込んで意思決定を行っていることがわかった。またディスクロージャー活動の評価項目のうち，経営陣のIRの姿勢等，説明会等，コーポレート・ガバナンス関連の３つの項目がとくに投資家の将来利益予測にプラスの影響を与えていることが示された。

　続いて研究開発集約的な企業を評価するときほど，自発的な開示による情報が重要となるのかの検証を行い，集約度の高いサンプルにおいて仮説を支持する結果を得た。本章での結果は利益の予測困難性（損失計上の回数，利益の変動），企業規模，成長率をコントロールしたうえでも変わらない。

　これらの結果は，質の高いディスクロージャーが，投資家の将来利益予想に関して有用であり，とくに研究開発集約的な企業においては自発的な情報開示が重要となることを示唆している。

　ただし本章での分析には以下のような限界がある。まずディスクロージャー・ランキングがカバーする業種，企業数は近年増加傾向にあるとはいえ，業種内において時価総額の大きな企業が中心となっている。そのため本分析の

結果は,業界内においてディスクロージャー活動が盛んな企業についてのものといえ,より頑健な検証のためには規模の小さい企業も分析に含める必要がある。また同一企業においてディスクロージャーの改善が将来利益予想にどのような影響を与えたかは明らかにされていない。本章での分析はクロスセクションの分析であり,企業ごとの時系列の分析もあわせて行うことによって,より多角的にディスクロージャー活動が投資家の将来業績予想に与える影響を検討することが可能となる。これらの分析は今後の課題としたい。

●注
1 証券取引等監視委員会は,2005年7月以降,金融商品取引法の規定に基づき開示検査を行っている。検査の結果,開示書類についての虚偽記載等が認められた場合には,内閣総理大臣および金融庁長官に対して,課徴金納付命令勧告を行うほか,必要に応じて訂正報告書等の提出命令勧告を行っている。また2008年6月以降の勧告の内容は,証券取引等監視委員会が『金融商品取引法における課徴金事例集』において公表している。
2 同一年度においても,業種ごとに評価項目の詳細が異なっている。

研究開発費による裁量行動と将来業績

第1節 はじめに

　本章の目的は，経営者による研究開発費を用いた裁量行動がその後の将来収益にどのような影響を与えているのかを検証することにある。

　経営者は，特定の目的のために会計数値に影響するような行動をとる誘引をもつことが知られる。これら行動は裁量行動とよばれ，どのような状況において，裁量行動が観察されるのかについて研究が進められてきた。たとえば企業業績が経営者の報酬と強く関連している環境では，経営者は多額の報酬を得るために，将来の業績を犠牲にしてでも評価の対象となる期の業績を良くしようとする傾向があることが知られている。この例のような，経営者の自己利益の獲得のために行われる機会主義的な行動を対象とした研究が多く行われている。一方で経営者の裁量行動は，企業の状況や所属する業種の事情に精通した経営者が行う行動であり，経営者による将来キャッシュフローへの期待を表している場合，すなわち情報提供的な場合があるとの指摘もなされている。

　現在の会計基準のもとでは，研究開発投資は即時に費用処理することが求められており，その額も少なくない。この結果，研究開発費は経営者の利益操作の手段に用いられる可能性を有している。多くの先行研究も，経営者は目標と

する利益水準に到達させるために研究開発費の額を操作しようとしていることを示唆している。

　もし将来への投資である研究開発投資を機会主義的に削減したとすると，企業にどのような影響がでるであろうか。当期の支出額を減らしても短期間のうちには業績に影響は出ないが，数年先にはマイナスの影響をもたらすことが考えられる。一方で，研究開発投資を削減したい状況にも関わらず，必要な投資としてむしろその額を増加させる行動をとる企業の将来業績は向上することが予想される。そこで本章では，研究開発費の増減によって裁量行動を行ったとき，結果としてそれが企業の将来業績にどのような影響を与えているのかを検討している。

　本章の構成は以下のとおりである。まず第2節では，経営者による裁量行動のあり方をその目的と手段の点から概観し，研究開発支出を用いた裁量行動に関する研究のレビューと仮説の導出を行う。第3節では，使用するデータおよびサンプルの選択方法を，第4節では，分析結果を示している。最後に第5節では，本章で確認された事項の確認と今後の課題を述べる。

第2節　先行研究と仮説の設定

(1)　経営者による裁量行動

　経営者による裁量行動は，その動機とターゲットそして達成のための手段によって特徴づけることができる。たとえば，報酬の額が当期純利益の額によって決定されるという環境にある経営者は，自身の報酬額を最大化するという動機のもと，ターゲットである当期純利益を高めるために，収益を上げるか費用を削減するという手段をとると考えられる。これ以外に，債務契約で締結した債務制限条項への抵触を回避するために利益を増加させたり，税金の額を低く抑えるために報告利益の額を減少させる，株価の下落を防ぐために増益を図る

といったさまざまな種類の裁量行動が存在している。これら財務報告についての裁量行動は，主に企業外部の研究者によって，公表データを用いて例証されてきた。

一方で，経営者の立場から彼（彼女）らがどのような点に意識して，財務報告を行っているのかを調査した興味深い研究がある。米国企業を対象としたGraham et al. (2005) と日本企業を対象とした須田・花枝（2008）がそれであり，企業へのアンケート調査によって企業の財務報告戦略を明らかにしようとしたものである。

日米の企業が，想定した目標値を達成することのメリットを考えたものが図表8－1である。1位は共通して資本市場の信頼確保であり，7位，8位，9位も共通している。2位から6位の項目の順位は日米で異なっているが，米国では企業外部者から経営陣についてよい評判を得ることを重視し，日本企業ではサプライヤーとの関係性をより重視している点に特徴があるといえる。

また財務報告に関してどの財務数値を重視するのか，という点についてのアンケート結果をまとめたものが図表8－2である。

図表8－1　目標値を達成するメリット

順位	米国企業	日本企業
1	資本市場の信頼確保	資本市場の信頼確保
2	株価の上昇と維持に資する	当社の成長性を投資家に伝える
3	企業外部者からよい評価が得られる	株価の上昇と維持に資する
4	当社の成長性を投資家に伝える	事業の安定性をサプライヤー等に伝える
5	株価の変動性を小さくする	企業外部者からよい評価が得られる
6	事業の安定性をサプライヤー等に伝える	株価の変動性を小さくする
7	従業員等へのボーナス支給	従業員等へのボーナス支給
8	よい格付けの取得に結びつく	よい格付けの取得に結びつく
9	財務制限条項違反の回避	財務制限条項違反の回避

（出所）須田・花枝（2008）図表4を筆者修正。

第1位は米国企業が当期純利益，日本企業が経常利益となっており，キャッシュフロー情報は利益情報を補完する位置づけであることがわかる。日米を通じて，その種類は異なるがともに利益額を重視していることがわかる。さらにアンケートでは，利益のなかでもどのような種類のものを重視するのかという質問を行っている。結果を要約したものが図表8－3である。

　米国が前年度の同一四半期の利益という実績値なのに対して，日本が自社公表の予想値を挙げているが，これは両国の制度の違いを反映している。日本では証券取引所の要請に従って，取締役会での決算案の承認後ただちにその概要を決算短信として提出する慣行がある。決算短信には，貸借対照表および損益計算書の主要な項目の実績値だけではなく，売上高，営業利益，経常利益，親会社株主に帰属する当期純利益といった業績数値の予想についても記載があり，

図表8－2　重視する財務数値

順位	米国企業	日本企業
1	当期純利益	経常利益
2	売上高	売上高
3	営業キャッシュフロー	当期純利益
4	フリーキャッシュフロー	営業キャッシュフロー
5	プロフォーマ利益	フリーキャッシュフロー

（出所）須田・花枝（2008）図表2を筆者修正。

図表8－3　報告利益の目標値

順位	米国企業	日本企業
1	前年度同一四半期の利益	自社が公表した予想値
2	アナリストの予想値	前年度の利益
3	黒字の確保	黒字の確保
4	直前期の四半期利益	同業他社の利益
5	―	アナリストの予想値

（出所）須田・花枝（2008）図表3を筆者修正。

このような慣行のない米国に比べて予想値の重要性が高くなっている。

　決算短信の存在によって，予想値のなかでも，アナリスト予想に対する意識が米国では高いのに対して，日本ではそれほどではないことも興味深い。

　また具体的な利益調整の方法については，**図表8－4**に示したとおりである。

　経営者の裁量行動は，経営活動そのものを変化させることによって行う実体的裁量行動と，経営活動は変化させず会計上の描写方法を変更する会計的裁量行動とに分類される。前者の代表例としては，押し込み販売や固定資産の早期の売却，投資プロジェクトの延期などがあり，後者には減価償却方法や貸倒引当金の見積もりの変更などがある。

　アンケート調査の結果からは，企業が実体的，会計的な方法を駆使して，裁量行動を行っており，なかでも実体的なものが大部分を占めていることがわかる。日米とも第1位と第2位の項目は同じであり，利益調整が必要な場合には，経営者はまず広告費や研究開発費などの裁量的な支出を減らすことを考え，次に設備投資や新規事業を延期または減額する，といった行動をとることが示されている。一方，会計的な裁量行動である会計の見積もり変更は，米国で第7位，日本で第5位と裁量行動の手段としてそれほど重要視されているわけではない。日米を通じて，経営者は費用の削減を利益調整の最も重要な手段として捉えていることがわかる。

図表8－4　利益調整の方法

順位	米国企業	日本企業
1	広告費等の支出削減	広告費等の支出削減
2	設備投資等を減額	設備投資等を減額
3	売上の前倒し	資産を売却
4	好条件をつけて販売	好条件をつけて販売
5	費用計上を遅らせる	会計上の見積もり変更
6	資産を売却	費用計上を遅らせる
7	会計上の見積もり変更	売上の前倒し

（出所）須田・花枝（2008）図表7を筆者修正。

(2) 研究開発費支出による経営者の裁量行動

　研究開発への投資が将来にわたる収益の源泉であるという証拠が蓄積されている一方，経営者は研究開発投資額を変化させて直近の会計数値を操作していることが多くの研究において指摘されている。これは研究開発費は発生時に全額の費用処理が要求されており，かつその額が大きく利益額に大きな影響を与えることが可能であるためと考えられる。

　たとえばBange and De Bondt (1998) は，利益のアナリスト予想からの乖離が大きいほど，経営者は研究開発投資額を変化させることを示した。Darrough and Rangan (2005) は，新規株式公開時に経営者は研究開発支出を削減し，報告利益を増加させる傾向があることを示した。また英国企業を対象にしたOsma and Young (2009) では，純利益および利益増加を報告するために研究開発費の支出を削減する傾向があり，特に利益増加に対する要望が強いことが報告されている。

　日本企業を対象としたMande et al. (2000) は利益平準化のために研究開発費支出を調整していることを示した。Nagy and Neal (2001) は，日本企業，米国企業ともに研究開発投資の額を変化させることによって利益平準化を行っていることに加え，日本企業の方がその傾向が強いことを示した。小嶋 (2005) では，市場の期待値と報告利益のギャップを回避するため，研究開発費支出の削減によってその目的が達成され得る場合において，当該支出を裁量的に切り下げる傾向があることが示された。新美 (2009) は，アナリスト予想の額に未達の場合は研究開発費，広告宣伝費の削減といった利益増加型の裁量行動をとり，目標利益の達成が確実になるとそれら支出を増やしていることを明らかにした。

(3) 経営者の近視眼的行動と将来パフォーマンス

　経営者が目標とする利益ベンチマークに到達させるために研究開発費支出を削減していることは多くの先行研究において明らかとなっているが，裁量行動

が将来業績に与える影響を調査した研究は少ない。企業価値を最大にすべく将来収益が見込める研究開発プロジェクトを推進するのが経営者の役割であり，直近の決算報告のために研究開発費を削減する行為は，継続中のプロジェクトを中断させたり，有望な研究の開始を遅らせたりするため，近視眼的な行動といえる。もし経営者がそのような行動をとったとするならば，企業の将来パフォーマンスはそうでない企業に比べて低下することが予想される。

Bhojraj et al. (2009) は，経営者によって近視眼的な利益操作が行われた可能性の高い（低い）サンプルを特定し，両者の将来パフォーマンスを比較している。この研究の特徴は，研究開発費や広告宣伝費による実体的な裁量行動と会計発生高による会計的裁量行動の指標に加え，ベンチマーク利益であるアナリスト予想にわずかに達成したか否かを考慮することによって，裁量行動を行った確率の高い（低い）サンプルの特定を試みている点にある。これは経営者がベンチマーク利益額を超えるべく裁量行動を行っており，結果としてわずかの額の差で目標値をクリアしている企業が多くなっているという考えにもとづいている。一方，裁量行動の指標が低くベンチマーク未達成の企業は，裁量行動を行えばベンチマークの達成ができたにもかかわらず，裁量行動を行わなかったという意味で，最も近視眼的行動をとりそうにない企業から構成されていると考えられる。

両グループのパフォーマンスの比較から，ベンチマークを達成した直近の期において企業の株価は上昇し，達成できなかった場合には株価は大きく下落することが報告されている。つまりベンチマーク達成によって，企業は短期的に便益を享受できることが示された。一方，長期パフォーマンスについては裁量行動が疑われる企業に比べてそうでない企業の方が，ROA，資本的支出と研究開発支出の水準，時価簿価比率の各増加率が高いことが報告されている。

Gunny (2010) は，経営者が行う研究開発費支出や販売費および一般管理費の削減，固定資産の売却といった実体的な裁量行動が，将来ROAや営業キャッシュフローにどのような影響を与えるのかを調査した。利益ゼロまたは対前年利益をわずかに超えたか否かに着目して検証を行った結果，実体的裁量行動に

よりベンチマーク利益を達成した企業は，裁量行動をとらずに目標利益達成に失敗した企業よりも良好な将来パフォーマンスとなることを示した。Bhojrajらと逆の結果となったことについて，裁量行動は行われていたが，それが機会主義的なものではなかった可能性があることを指摘している。

また日本企業の将来パフォーマンスを検証したものとして山口（2009）がある。山口（2009）は値引販売や信用条件の緩和による売上操作，研究開発費，広告宣伝費といった裁量的費用の削減，売上原価の低減を図る過剰生産の3つの実体的裁量行動が，将来ROAに与える影響を調査した。結果はベンチマーク達成のための実体的裁量行動が将来業績に悪影響を及ぼすことを支持するものであった。

本章ではBhojraj et al.（2009）のサンプル選択方法を参考にして，機会主義的に研究開発費を削減した可能性の高い企業とその可能性の低い企業とに分類して，両者の事後パフォーマンスを時系列で比較する。利益ベンチマークとしては利益ゼロを超えるか否かを想定している[1]。先の経営者へのアンケート結果（図表8－3）では，自社公表の予想値を最も重視していることが示されたが，経営者は予想値を達成するために予想値自体を修正するという行動をとることが報告されている（円谷，2008）。このとき，研究開発費を裁量行動の手段とする動機は弱まると考えられるため本検証では予想値をベンチマークとしていない。また首藤（2010）が，日本企業は前年度の利益を超えることよりも損失回避を意識しているという実証結果を提示しているため，損失回避行動に焦点をあてている。設定される仮説は以下のとおりである。

仮説 損失回避目的で研究開発費の削減を行った企業は，そうでない企業に比べて将来パフォーマンスが低下する。

第3節 サンプルと基本統計量

(1) 使用データ

　本分析では日本企業を対象として，損失回避のために機会主義的に研究開発費を削減したと考えられる企業グループと，損失回避を行わず研究開発費を増加させたと考えられる企業グループの将来パフォーマンスを比較する。まず以下の要件に従って収集したデータを全体サンプルとし，そこから損失回避サンプルの特定を行い，さらに裁量的な研究開発支出を行ったサンプルを特定するという手順によって検証に用いるサンプルを抽出する。

　全体サンプルとするのは以下を満たす企業である。

> ①　1999年度から2010年度までに日本の株式市場に上場している企業であること。ただし金融業（銀行・証券・保険）に属する企業は除かれている。1999年度以降としたのは研究開発費データの利用可能性によるものである。
> ②　研究開発費を計上していること。
> ③　以下のサンプル特定に用いる損失回避および裁量的な研究開発費支出の計算をはじめ，将来5期間のパフォーマンスの算定に必要なデータが入手できること。

　観察期間を5年としたのは，先行研究において，研究開発活動の効果発現までには，米国企業で平均6年（Lev and Sougiannis, 1996），日本企業でそれよりも短い4年から5年であること（榊原ほか，2006）が例証されているためである。加えて，近年，企業が主に効果発現までの期間の短い研究開発の比重を増やしていることや，研究開発費が新規プロジェクトだけではなく，継続中のプロジェクトにも振り向けられていることから投資の成果が5年の期間内に確認できると考え設定した。

　財務数値は日経NEEDS Financial QUESTより入手した。株式関連のデータは日経NEEDS株式日次収益率データのものを用いている。また将来パフォー

マンス変数の分布の上（下）1％内の値は上（下）1％の値で置換している。上記の制約から22業種にわたる6,598企業×年が全体サンプルとして抽出された。

　図表8－5は全体サンプルの基本統計量を利益の水準ごとに表している。研究開発費/売上高は，利益がわずかにマイナスのサンプル（図表8－5の②）およびプラスのサンプル（図表8－5の③）では平均値と中央値から同水準であり，それ以外のサンプルと比べると低い水準である[2]。また当期純利益/売上高と比較すると研究開発費が当期純利益額に影響を与えるのに十分な大きさの額であることがわかる。

図表8－5 全体サンプルの平均値と中央値

サンプル選択基準	N		研究開発費/売上高	純利益/売上高	ROA	総資産（百万円）	時価総額（百万円）
① $\frac{当期純利益}{総資産} < -0.02$	2,476	平均値	0.041	−0.130	−0.023	157,980	44,360
		中央値	0.019	−0.068	−0.015	22,781	5,912
② $-0.02 \leq \frac{当期純利益}{総資産} < 0$	1,468	平均値	0.022	−0.012	0.012	278,734	81,542
		中央値	0.012	−0.010	0.010	36,314	8,464
③ $0 \leq \frac{当期純利益}{総資産} < 0.02$	6,103	平均値	0.020	0.012	0.029	290,158	103,023
		中央値	0.011	0.011	0.028	44,853	12,550
④ $0.02 \leq \frac{当期純利益}{総資産}$	9,841	平均値	0.028	0.055	0.086	237,479	177,307
		中央値	0.017	0.043	0.073	41,405	24,192

(2) 損失回避サンプルの特定

　図表8－6は，全体サンプルについて当期純利益を総資産で割った数値の分布を表している。ゼロを含みわずかにプラスの利益を出している企業と，わずかにマイナスの企業との間にはギャップがある。これはBurgstahler and Dichev（1997），首藤（2010）などの先行研究においても指摘されているように，企業が利益操作によってマイナスの利益を回避している証拠であると考えられる。このときわずかに正の利益をだした企業グループ（本分析では0≦当期純

図表8－6　全体サンプルの当期純利益/総資産の度数分布

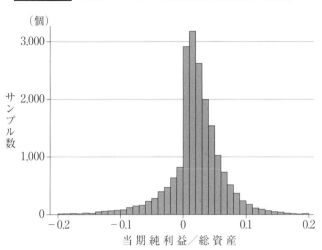

利益/総資産＜0.02[3]）のなかには損失を回避した可能性が高い企業が多く含まれていると考えられる。一方，ゼロをわずかに下回る企業（－0.02≦当期純利益/総資産＜0）は利益操作によって損失回避を行うことができたが，実際は行わなかった企業を多く含む可能性が高いと考えられる。そこで本分析では全体サンプルからこの2つのグループを抽出することとする。

(3) 裁量的な研究開発支出を行ったサンプルの特定

次に各企業の裁量的な研究開発支出を推定する。裁量部分は，実際の研究開発支出額から通常の営業活動を継続していれば発生するであろう支出額を差し引くことによって測定する。そのため，通常発生する部分（非裁量部分）を推定する必要がある。Roychowdhury（2006）は広告宣伝費，研究開発費と販売費および一般管理費について，通常の営業活動中におけるそれら費用の水準が，前期の総資産と売上高との関数によって表されるとした。本分析でもこの関係に従い，以下のように研究開発支出が前期の総資産と売上高によって示されると仮定し，これを年度，業種ごとに回帰することによって係数を推定し，非裁

量的な研究開発支出を測定している[4]。

$$\frac{研究開発費_t}{総資産_{t-1}} = \alpha_0 + \alpha_1 \frac{1}{総資産_{t-1}} + \alpha_2 \frac{売上高_{t-1}}{総資産_{t-1}} + \varepsilon_t$$

上記手続により推定された裁量部分がマイナスのとき,経営者は研究開発支出の削減行動,つまり利益捻出型の利益操作を行っていると考えられる。逆に裁量部分がプラスのときは本来の水準よりも研究開発支出を増額したと考えられ,利益圧縮型の裁量行動をとっていると解釈することができる。

先の利益分布にもとづく裁量行動サンプルの特定方法と裁量的な研究開発支出を行ったサンプルの特定方法との組み合わせによって4サンプルが作成される。そのうち研究開発支出を減らし,損失回避をわずかに達成したサンプル(減少_達成サンプル)の企業は,機会主義的に研究開発費の削減をした可能性が高く,将来パフォーマンスの低下が懸念される。一方,研究開発支出を増やし,わずかに損失回避を達成できなかったサンプル(増加_未達成サンプル)は将来を見越して投資を行っており,減少_達成サンプルに比べて将来パフォーマンスが上昇することが予想される。

第4節 分析結果

(1) 裁量行動が将来パフォーマンスに与える影響

直近の利益目標達成のために将来への投資を削減したのであれば,企業の長期的なパフォーマンスは,投資を削減しなかった企業に比べて悪化するという現象は起きているのだろうか。ここでは企業の将来パフォーマンスとして収益性を表すROA(*営業利益_t/総資産_{t-1}*),投資の積極性を表す資本的支出と研究開発支出の合計値((*資本的支出_t + 研究開発費_t*)/*総資産_{t-1}*),市場の将来成長への

期待を表す時価簿価比率（株式時価総額$_t$/自己資本$_t$）に着目する。**図表8－7**は各パフォーマンスの平均値の時系列変化をサンプルごとに示したものである[5]。

まずパネルAのROAについて，t期において③減少_達成サンプルは②増加_未達成サンプルの2倍以上の大きな値を示しているにもかかわらず，その差は$t+1$期において縮まり，$t+2$期において両者の関係は逆転し，$t+3$期から$t+5$期にかけてではその差が拡大している。またt期から$t+5$期にかけての変化分は②増加_未達成サンプルが0.028の増加であるのに対して，③減少_達成サン

図表8－7 将来パフォーマンスの平均値

サンプル	N	t	$t+1$	$t+2$	$t+3$	$t+4$	$t+5$	差($t+5$期$-t$期)
パネルA：ROA								
①増加_達成	2,244	0.0304	0.0315	0.0377	0.0417	0.0440	0.0442	0.0135
②増加_未達成	532	0.0121	0.0212	0.0331	0.0369	0.0390	0.0415	0.0284
③減少_達成	3,859	0.0282	0.0283	0.0320	0.0347	0.0361	0.0370	0.0087
④減少_未達成	936	0.0119	0.0169	0.0269	0.0315	0.0354	0.0375	0.0254
差（②－③）		−0.0161	−0.0071	0.0012	0.0022	0.0029	0.0045	0.0197
t値（両側）		−19.94	−5.41	0.77	1.29	1.59	2.41	10.36
パネルB：資本的支出＋研究開発支出								
①増加_達成	2,244	0.066	0.065	0.067	0.068	0.069	0.068	0.003
②増加_未達成	532	0.066	0.064	0.067	0.070	0.070	0.070	0.004
③減少_達成	3,859	0.041	0.041	0.043	0.045	0.046	0.046	0.005
④減少_未達成	936	0.041	0.037	0.039	0.042	0.047	0.048	0.007
差（②－③）		0.025	0.022	0.024	0.025	0.024	0.024	0.000
t値（両側）		15.18	13.86	14.10	14.91	13.68	14.03	−0.26
パネルC：株価純資産倍率								
①増加_達成	2,244	1.003	1.008	1.060	1.126	1.128	1.106	0.104
②増加_未達成	532	0.936	0.999	1.039	1.134	1.185	1.162	0.222
③減少_達成	3,859	0.866	0.884	0.939	0.971	0.966	0.944	0.080
④減少_未達成	936	0.819	0.869	0.964	1.076	1.078	1.052	0.237
差（②－③）		0.071	0.115	0.101	0.164	0.219	0.217	0.142
t値（両側）		2.10	3.43	2.92	4.69	6.23	6.10	4.04

プルは0.009の増加となっている。これらの差は統計的にも有意なものとなっている。裁量行動によって利益ベンチマークを達成した企業は，そうでないサンプルに比べてt期のROA水準が高いにもかかわらず，その後の$t+5$期までの増加分が小さい傾向にあることがわかった。

　次にパネルBは，企業が行った資本的支出と研究開発支出の合計を総資産で割ったものの平均値の推移である。ここからは，研究開発費支出を増額したサンプル①②はt期の水準が高く，それ以後も高い水準で積極的な投資を継続していることがわかる。これと対照的に，研究開発の投資を減少させたサンプル③④の水準は，将来期間を通して低いままである。最も大きな増加額を示したのはサンプル④であったが，サンプル間でそれほど大きな差異はない。

　パネルCはサンプルごとの株価純資産倍率の平均値を示している。株価純資産倍率のt期の水準については，研究開発費を増やしたサンプル①②の方が高く，減らしたサンプル③④の方が低い傾向がある。また利益ベンチマークを達成したサンプル①③よりも，達成しなかったサンプル②④の方がその後大きく増えている。その結果②増加_未達成サンプルが0.222の増加であるのに対して，③減少_達成サンプルは0.080の増加という違いがでている。これはサンプル②についての市場評価が大きく修正されていくことを示している。

　このようにROA，資本的支出と研究開発支出の合計，株価純資産倍率の5年先までの時系列変化をみた場合，②増加_未達成サンプルの方が③減少_達成サンプルに比べて継続的に設備および研究開発への投資を行い，結果として良好な将来パフォーマンスとなっていることがわかる。

(2) 会計的裁量行動の有無

　経営者はベンチマーク達成のために，研究開発費の削減だけでなく，会計上の見積もりや会計方法の変更といった会計的裁量行動も同時に行っていると考えられる。本分析では利益に与える影響の大きさから研究開発費支出に焦点をあてたが，損失を回避したい動機が強ければ，会計的な裁量行動も並行して行っているはずである。もし先の検証において機会主義的行動をとる確率が高

いサンプルと低いサンプルの特定をうまく行うことができているならば，前者のサンプルの方が，より積極的に会計的裁量行動を行ったことを示す証拠が検出されるはずである。これを確認するため先の4つのサンプルごとに，会計的な裁量行動の程度を表す裁量的会計発生高を測定した。

会計発生高は純利益とキャッシュフローの差額として計算されるが，本章では須田・首藤（2004）をもとに以下のように算定している。

会計発生高＝（Δ流動資産－Δ現金預金）－（Δ流動負債－Δ資金調達項目）
　　　　－（Δ長期性引当金＋減価償却費）

ただし，Δは当期の値から前期の値を引いたものである。資金調達項目は短期借入金，コマーシャルペーパー，1年以内返済の長期借入金，1年以内返済の社債を含んでいる。また長期性引当金は売上債権以外の貸倒引当金，退職給付（給与）引当金，役員退職慰労引当金などを指している。会計発生高から通常の営業活動によって発生する部分（非裁量的会計発生高）を差し引くことによって裁量的会計発生高を求めることができる。

非裁量的会計発生高の測定にあたっては，以下に示す修正Jonesモデルおよび CFO 修正 Jones モデルを用い，業種別にクロスセクション回帰を行うことによって各係数を推定している。

修正Jonesモデル

$$\frac{会計発生高_t}{総資産_{t-1}} = \beta_0 + \beta_1 \left(\frac{\Delta 売上高_t - \Delta 売上債権_t}{総資産_{t-1}} \right) + \beta_2 \frac{償却性固定資産_t}{総資産_{t-1}} + \varepsilon_t$$

CFO修正Jonesモデル

$$\frac{会計発生高_t}{総資産_{t-1}} = \gamma_0 + \gamma_1 \left(\frac{\Delta 売上高_t - \Delta 売上債権_t}{総資産_{t-1}} \right) + \gamma_2 \frac{償却性固定資産_t}{総資産_{t-1}}$$

$$+ \gamma_3 \frac{営業キャッシュフロー_t}{総資産_{t-1}} + \varepsilon_t$$

図表8−8はサンプル別の裁量的会計発生高を示している。会計発生高は大きい方が利益増加型の裁量行動につながる。いずれのモデルの推定値によっても，利益増加型の裁量行動の動機が強いと考えられる③減少_達成サンプルの発生高が最も大きく，逆に動機が弱いと考えられる②増加_未達成サンプルが最も小さい値となっており，両者の差も統計的に有意なものであった。

図表8−8 裁量的会計発生高の平均値

サンプル	N	修正 Jonesモデル	CFO修正 Jonesモデル
①増加_達成	2,244	−0.003	−0.004
②増加_未達成	532	−0.010	−0.008
③減少_達成	3,859	0.003	0.002
④減少_未達成	936	−0.002	0.000
差（②−③）		−0.013	−0.010
t値（両側）		−5.22	−5.32

第5節 要　約

　本分析では裁量行動として研究開発費の額を増加させた企業と減少させた企業の将来パフォーマンスがどのように推移するのかを検証した。損失回避を行った可能性が高い（低い）グループと，裁量的な研究開発費の削減を行った可能性が高い（低い）グループを推定し，各グループの組み合わせによって機会主義的な裁量行動を行った可能性が高いサンプルと低いサンプルを特定し，両者を比較した。検証の結果，前者は後者に比べて低い事後パフォーマンス（ROA，資本的支出＋研究開発支出，株価純資産倍率）となっていることがわかった。このことは機会主義的な研究開発費の削減が企業の将来価値を毀損するという見解と合致するものである。

　一方で，損失回避の機会があるにもかかわらず研究開発投資を増加させた企業は，良好な事後パフォーマンスとなっていた。これは経営者が将来価値の創造のために行った投資であると考えられ，その行動は公表されている財務数値からある程度捕捉することが可能であることが示された。

　ただしこれら結果は裁量的な研究開発支出の精度，つまりは非裁量的な研究開発費の推定の適切さに依存している。推定モデルを精緻化するためには，たとえば企業内における研究開発費の予算配分がどのように行われているかを調査することが必要となるだろう。また本章では，企業の研究開発の性質などを考慮し検証期間を将来5ヵ年としたが，たとえば基礎研究のウエイトの大きな産業ではより長期の検証期間を設定する必要があるかもしれない。これらの点が今後検討すべき課題となる。

●注
1　本文では，先行研究にならって当期純利益をベンチマークとした結果を報告しているが，これを経常利益に変えた場合も同様の結果が得られた。
2　全体サンプルの研究開発費/売上高の平均値を産業別にみると，上位3業種は医

薬品 (0.119), 精密機器 (0.049), 電気機器 (0.046) であった。なお全体の平均値は0.026であった。

3 わずかに正の利益 (0≦当期純利益/総資産＜0.01) およびわずかに負の利益 (−0.01≦当期純利益/総資産＜0) とした場合の分析も行ったが結果に大きな違いはなかった。

4 推定には1つの産業・年に少なくとも10個のサンプルが必要であるという要件を課している。また用いた業種分類は日経業種中分類である。

5 中央値を用いた場合でも本文の結論と大きく異なることはなかった。

第9章 投資戦略の変化と研究開発情報の役割

第1節 はじめに

　本章では，投資家の用いる情報通信技術の進展に伴って，研究開発活動について求められる情報がどのように変わってきているのかを検討する。

　証券市場における会計情報の役割を分析した先行研究の多くは，市場における投資家が人間であり，その意思決定プロセスについても人間の思考・行動方法を前提としてきた。ただし，近年の証券取引所の取引システムの高速化や投資家がもつ情報処理能力の向上によって，用いられる投資戦略にも変化が生じている。その代表例があらかじめ投資戦略をコンピューターのプログラム（アルゴリズム）に落とし込み，高速で売買取引を繰り返す高頻度取引（High Frequency Trading: HFT）である。

　1999年4月30日に閉場した東京証券取引所の立会場ではかつて，投資家が出した売買注文を証券会社が取り次ぎ，場内の担当者が手サインを使って売買注文のやりとりをする光景がみられていた。その当時に比べると，証券取引の執行にかかる時間は大幅に短縮されており，HFTの場合，ミリ秒（1/1,000秒）単位での処理が行われている。ただしHFTは，短時間で大量の売買を行うため，市場の価格形成に与える影響が大きいことが懸念されており，近年ではそれを

129

規制しようとする動きも出てきている。

　HFTを行うためには，高度な情報処理設備への大規模な投資が必要であり，投資家のなかでも豊富な資金力を有する機関投資家や金融機関などが中心となって行っている。ただし，これ以外の投資家にも，意思決定プロセスにおいて着実にコンピューター利用の動きは広がっており，現在行われている証券取引の大部分の意思決定にはコンピュータープログラムによる判断が組み込まれていると考えられる。本章では，証券投資をめぐる投資環境の変化について考察し，投資家が要求する情報がどのように変化してきているのかについて考察する。

　本章の構成は以下のとおりである。まず第2節では，近年の投資戦略の変化について概観する。証券市場での取引方法の大きな変化は米国や欧州で起こっており，その流れが日本市場にも及んでいることから，日本市場の様子を理解するには欧米市場の動きを知ることが重要となる。ここでは，特にコンピュータープログラムを用いるアルゴリズム取引の1つであるHFT取引について，その普及の背景と証券市場に与える影響および規制について確認する。第3節では，アルゴリズム取引がどのように開発されるのかを確認し，アルゴリズム取引の有する特性を検討する。これによって投資家から求められる情報の質がどのようなものになっているのかを知ることができる。第4節では，アルゴリズムを活用した証券投資意思決定が普及するなか，研究開発投資に関する情報にはどのようなものが求められていくのかを考察する。第5節では，まとめと今後の展望を示す。

第2節　証券市場の構造変化

(1)　証券市場における技術変化と投資戦略

　近年における証券売買戦略の特徴を指摘するとき，アルゴリズム取引と高頻

第9章　投資戦略の変化と研究開発情報の役割

度取引（High Frequency Trading: HFT）とを外すことはできない。両者の厳密な定義は日米ではなされていないが（大墳，2014），HFTに対する規制において先行する欧州連合（European Union: EU）では政策執行機関である欧州委員会（European Commission: EC）によって，それぞれ以下のように定義がなされている[1]。

　アルゴリズム取引とは，「注文の開始，タイミング，価格や数量，発注後の管理など注文のパラメータについて，人手の介入をなくして（又は最小化して），コンピューターのアルゴリズム[2]が自動的に決定する金融商品の取引」のことを指す[3]（EU, 2014）。売買の意思決定プロセスの一部にコンピュータープログラムを活用することは，かなり以前から行われていたが，アルゴリズム取引はプロセスのほぼすべてをコンピュータープログラムが自動的に行う点に特徴がある。

　また高頻度取引とは，「極めて短い期間の間に売買を繰り返す取引を指し，アルゴリズム取引のうち，以下の要件を満たすもの」をいう。

> ①　アルゴリズムに基づく発注において，ネットワークその他の遅延を最小化させるための方法として，コロケーション・サービス[4]，プロキシミティ・ホスティング・サービス[5]，高速かつ直接的な電子アクセスのいずれかを利用していること
> ②　個々の取引・注文について，人手の介入をなくして注文の開始，作成，発注，執行をシステムが決定していること
> ③　注文，気配値，取消を行う日中メッセージが高頻度であること

　要件の内容からも，近年の情報通信技術の進展により，市場参加者が利用可能な演算・通信能力の飛躍的な向上が背景となっていることがわかる。HFTにおいては，①に示されたように高速で取引できる環境のもと，②アルゴリズムによって規定されたシステムが稼動することによって，③高速な売買取引を繰り返し行うことを可能にしている。HFTの戦略にはさまざまなものがあるが[6]，一度の取引によって得られる僅かな利益を，取引回数を重ねることによってカバーしようとするものであり，いわば薄利多売によって儲けを出そうとす

る点で共通している。

ただし市場全体に占める取引の拡大と極めて短時間の間に頻繁に取引が行われるという性質から，HFT取引が市場の適切な価格形成を阻害し価格変動を大きくしているのではとの懸念が広がっており，規制も含めた検討がなされている。

(2) HFT取引の広まりと日米の市場構造

米国においてHFT取引が広まった背景には，証券市場間の熾烈な競争とそれに対応するための新しいサービスの提供があることが指摘されている（大墳,2014）。

米国では，市場間競争を促すために，上場市場以外の市場でも取引を行うことができる非上場取引特権（Unlisted Trading Privileges: UTP）という制度が存在している。この制度の存在によって，たとえばニューヨーク証券取引所の単独上場銘柄であったとしても，それ以外の市場での取引が可能となる。さらに，全米市場システム（National Market System: NMS）とよばれる法的な枠組みやその改良であるRegulation NMSの導入により，たとえどんな小さな取引所であったとしても，他よりもほんの少しでも有利な価格を提示できれば，投資家をよび込むことができ，市場間競争がこれまで以上に激化することとなった。

厳しい市場間競争の結果として，米国では取引が各取引所に分散している状況となっている。近年では，上場機能を持たずに，当初から執行機能のみに特化するBATSやDirect Edgeといった取引所（等）も現れ，取引所間競争がより激化している。米国の取引の様子をみると，証券取引所での取引が7割（うち1位のNASDAQが27％，2位のCBOEが27％，3位のNYSEが19％），それ以外の取引が3割ほどになっている[7]。つまり現在の米国市場は，最大の単一取引所でも20％から30％程度のシェアしか有さないという，過度な市場分裂の状況に陥っているといえる。

各取引所は，投資家の要求に応えるために，取引所のシステムを刷新し，先に挙げたコロケーションサービスやプロキシミティ・ホスティング・サービス

といった高速で取引を行うことができるサービスを提供しており，これが米国においてHFTが普及する原因となっている。米国市場においては，2014年の全取引の5割前後がHFTによる取引であるとされているが，統計によってHFTの定義が異なるなど詳細な実体はわからない。

　米国と同様に，日本においても市場間競争を促進すべく，1998年12月に有価証券取引を金融商品取引所に集中させる取引所集中義務を撤廃したことに伴い，投資家は証券会社が開設する私設取引システム（Proprietary Trading System: PTS）によっても証券売買を行うことができるようになった。これにより証券取引所を介さずに売買を行うことができるようになり，証券取引所の取引時間外にも取引が行えるようになった。ただし当初は8社が参加したPTSも，2017年1月現在では2社となっている。現物取引に占める市場シェアをみると，東京証券取引所が9割程度を占める一方，PTSは5％程度となっている。米国において，証券市場間の競争が盛んであり，シェア争いが激化している様子とは対照的である。

　米国とは異なる環境ではあるが，日本でも米国やヨーロッパでのHFTの広がりと歩調を合わせるようにHFT取引が増加していることが報告されている。保坂（2014）によると2013年5月の取引の注文件数の60％，約定件数の36％がHFTによるものとされている。2015年9月には，東京証券取引所は株式売買システム「arrowhead」をリニューアルしている。同システムは2010年に稼動したが，近年の注文件数の増加による注文の集中を受けて，信頼性・利便性・処理能力の向上を基本方針として改良が行われた。この改良により，注文応答時間はリニューアル前の約1.0ミリ秒から0.5ミリ秒未満へと約2倍の能力向上が見られた。また2016年の東京証券取引所の全取引に占めるコロケーションエリアからの取引の割合は，約定件数ベースで4〜5割程度，注文件数ベースで7割程度に達しており（金融審議会，2016），これらがHFT取引によるものと仮定すれば，取引の少なくとも半数を占めていることが推測される。

(3) HFT取引の影響と規制

　日本における市場構造や競争の様子は米国のそれとは異なるが，日本においてもHFT取引が市場に与える影響に注目が集まっている。2016年に金融庁の金融審議会によって公表された「市場ワーキング・グループ報告〜国民の安定的な資産形成に向けた取組みと市場・取引所を巡る制度整備について〜」[8]では，「取引の高速化」と「市場間競争と取引所外の取引」といったトピックについても議論が行われている。そのなかでHFT取引については，以下のような懸念が指摘されている（金融審議会，2016）。

①　市場でのイベントにアルゴリズム高速取引が加速度的に反応し，マーケットが一方向に動くことで，市場を混乱させるおそれがないか。
②　個人や中長期的な視点に立って投資を行う機関投資家に，アルゴリズム高速取引に太刀打ちできないなどといった不公平感を与え，一般投資家を市場から遠ざけてしまうのではないか。
③　アルゴリズム高速取引で用いられる戦略には短期的なものも存在し，アルゴリズム高速取引のシェアが過半を占める株式市場では，中長期的な企業の収益性（本来の企業価値）に着眼した価格形成が阻害されるのではないか。
④　異常な注文・取引やサイバー攻撃など万が一の場合，その影響が瞬時に市場全体に伝播するおそれや，その他システム面でのトラブルが市場に大きな問題を引き起こすおそれがないか。
⑤　欧米をはじめ我が国においても，アルゴリズムを用いた相場操縦等の不公正取引の事案等が報告されている中，市場の公正性に影響を与えるおそれはないか。

　①④⑤の特徴は，従来から欧米においても指摘されていたことであり，HFTについての懸念を加速させるものである。とくに①④に関しては，2010年5月6日に発生した，ダウ工業株30種平均が数分間で9％（約1,000ドル）下落し，取引時間中に過去最大の下げ幅を記録した事件が象徴的である。米運用会社が出した株価指数先物への大口売り注文をきっかけとした先物価格の急落に，高速・高頻度取引（HFT）などアルゴリズム取引が追随して下げ幅を大き

くしたとされている。

　ただし一方で，HFTが存在する市場の方が均衡価格への調整速度が早いことを示唆する研究であるO'Hara（2015）も存在する。また日本市場においてHFT取引がどのような影響を与えるかを検証したものに保坂（2014）がある。そこでも米国同様，HFTが流動性を高めていることが示されており，一概にHFTが市場の価格形成を阻害しているとはいえないようである。

　また②や③は中長期的な視点から企業価値を推定し，意思決定を行う投資家の存在の重要性を指摘したものである。適正な資源配分を行う役割が期待される市場にとって，これら投資家の存在が必要となる。

　上記のような懸念に対応すべく，ヨーロッパではHFTに代表されるアルゴリズム取引に関する規制が行われようとしている。米国においても，電子的に取引所に直接アクセスする手法を用いて自己勘定でアルゴリズム取引を行う業者に新たに登録を求め，アルゴリズム取引等に関する記録の保存等を求める規制が提案されている。日本においても，金融審議会（2016）が，アルゴリズム高速取引を行う投資家に対する登録制を導入し，必要な体制整備・リスク管理義務を課したうえで，当局がその取引実態・戦略等を確認することを可能とする枠組みの整備を提言している。今後もHFTは市場取引の一定割合を占めると考えられるが，規制のあり方によってはその他のアルゴリズム取引の割合が増加していく可能性もある。

第3節　アルゴリズム取引の設計

　HFTは情報環境の利用料やシステムへの多額の投資が必要であるため，豊富な資金力をもつ一部の投資家のみが行うことができる投資戦略といえる。ただしアルゴリズム取引の範囲は広く，証券会社や機関投資家だけが行っているわけではない。それほど多くの資金をもたない投資家がアルゴリズムを利用して証券売買の意思決定を行う機会は拡大しており，アルゴリズム取引はますま

す普及していくことが考えられる。

　証券投資におけるアルゴリズムとは，投資戦略の内容をコンピューターのプログラムの形式で記述したものを指すが，どのようにしてアルゴリズムは開発されているのであろうか。アルゴリズム開発を行っている投資家が開発プロセスについて述べており，その一端を窺い知ることができる。Pardo（2008）では，証券投資アルゴリズムの開発を以下のような8つの手順に分けて述べている。プロセスは①から順番に進行し，1つのプロセスが終了してはじめて次のプロセスへと進むことができる。

① 投資戦略を決定し，戦略を構成するルールを明確にする。
② 投資戦略をコンピューターで検証可能なプログラムの形に書き換える。
③ 投資戦略が適切にプログラムに変換できているかの確認とプログラム変換後の投資戦略が，過去の市場データによってどれほどのリターンを得ることができるのか計算し，投資戦略を次のプロセスに進めるかを決定する。
④ 過去の市場データを用いて，投資戦略に組み込まれている変数の組み合わせごとにリターンを計算し，最高のリターンをもたらすような変数の組み合わせを見つける。
⑤ 最適化プロセスに用いなかった市場データを使い，最適化された戦略が利益を生み出す能力があるかどうかを評価する。
⑥ 決定された投資戦略を用いて，実際に投資を行う。
⑦ 実際の投資から得られるリターンと過去データを用いて検証した際のリターンが一致するのかを確認する。両者に相違がある場合には，その原因を調査する。
⑧ 投資戦略を多市場で長期間にわたって観察し，投資戦略の改善点を発見し改良を行う。

　まず，①どのような投資戦略を用いるのかを考え，その後に②投資ルールをコンピューターで実行できるかたち，つまりはプログラムに落とし込んだのち，③から⑧のように，作成されたプログラムの検証と改良の繰り返し作業によって，最終的に投資に用いるアルゴリズムが完成する。アルゴリズム取引といえども，投資戦略のアイディアは人間が考える必要がある。

第9章　投資戦略の変化と研究開発情報の役割

　証券投資のアルゴリズムはプログラムによって記述されているため，プログラムの特質を有することとなる。コンピューターにおいてプログラムの命令が実行される流れを定めたものを制御構造といい，命令の記述順のとおりに順番に命令を実行する順次構造，条件によって実行する命令の流れがいくつかに分岐する選択構造（条件分岐），同じ命令の流れを繰り返し実行する反復構造（繰り返し）の3つを基本とすることが多い。順次構造に示されるように，プログラムは基本的に命令の記述を上から下へと順番に読み込んで実行していき，条件分岐が行われた場合には分岐先，繰り返し構造であれば指定回数にわたって繰り返しの先頭に移動して順次プログラムを実行する。これら構造は多くのコンピューター言語に共通しており，構造を組み合わせることによって，さまざまな処理を行うようにプログラムを記述することができる。

　投資戦略を適切にプログラムに変換することができれば，設定された条件に合致するか否かを即座に判断し，短時間のうちに条件分岐に対応した発注を行うことができる。人間が発注を行っている場合と比べると，プロセスに人間らしさ（勘違い，過信や感情の起伏など）が入り込んでいくことを排除できるという点と投資戦略が明確に決定している状況であるならばより短い時間のうちに発注を行うことができるという長所がある。一方，短所としては，少しでも想定と異なる事象が起こった場合に，その変化に十分対応できず，時には異常な取引を連続して行ってしまうことが挙げられる。

　また，選択構造や反復構造は，どのような条件をもつときに該当する処理を行うかを指定する必要がある。条件の指定では，注目する数値が同じかまたは大小関係にあることを記述することが多い。これによりたとえば，株価が100円の時に買う，ROEが5％を下回ったときに売る，といったアルゴリズムを作成することができる。ここで注目すべきは，条件指定には数値が使用されることが多い点である。

　現状では投資戦略を考えるのは人間の役割であるが，投資戦略に関するさまざまな情報を定量化し，アルゴリズムに組込んでいくことができれば，人間が取引を行う場合と比較してより正確で迅速な取引が可能となる。

第4節　研究開発集約企業の取引におけるアルゴリズムの活用

アルゴリズム取引は，先のEUの定義によると，注文の開始から発注後の管理まで，プロセスのほとんどすべてをアルゴリズムが行うというものである。

処理速度の早いコンピューターや高速の情報通信サービスを低価格で使用できる環境が整っていることから，アルゴリズム取引を行う投資家は増加している。もう一点，証券投資にアルゴリズム取引が広がる背景として，近年多くの情報がweb上に存在し，またそれを定量化する技術が進歩した点が挙げられる。先にも述べたように，アルゴリズムの条件指定には数値情報が使われることが多く，さまざまな情報が定量化され利用可能な状態になっていれば容易にアルゴリズム上で利用することができる。

もちろん，アルゴリズムの開発コストがゼロになることはなく，すべての投資家が直接にアルゴリズムを開発したうえで投資を行うようになるわけではない。特に個人投資家が，アルゴリズム開発のためのプログラミング技術の習得に要する時間や金銭的な支出といったコストを負担することは難しく，結果としてアルゴリズムを間接的に活用した取引を行うようになると考えられる。証券会社も取引手数料の値下げ以外の差別化のため，相次いでアルゴリズムを活用したサービスを発表している。たとえば，カブドットコム証券は，顧客の個人投資家に対して，全上場企業約3,700社から，株価のトレンドが似た銘柄を高速で抽出し提案するサービスを行うことを発表している（日本産業新聞朝刊2017年4月6日）。このようにアルゴリズムを間接的に利用するケースも含めると，アルゴリズムが投資家の意思決定に与える影響は非常に大きなものとなり，今後その比重はますます拡大していくことが考えられる。

投資家にとって，アルゴリズムの利用がより大きな価値を持つのは，通常の人間の判断では意思決定が難しいケースにおいてであり，本書のテーマである研究開発活動もその1つである。投資家は，研究開発活動が将来業績に与える影響を考えるとき，公開される研究開発費の額をベースに，関連する情報を加

味して修正を行っていると考えられる。たとえばLev and Sougiannis (1996)の結果は，投資家が研究開発費の額を資産化したうえで，一定割合を償却するような修正を行い，企業価値を評価していることを示唆している。研究開発費について発生時の費用額のみが公表されている現在の会計基準のもとでは，そのような評価方法がとられている可能性が高い。

　しかし，実際にどのように修正が行われているのかを外部から観察することは難しく，またどのような修正方法が優れたものかはわからない。第5章では，研究開発集約企業を評価するとき，アナリストが私的情報を多く用いて将来利益を予想していることを示した。アナリストは業務を通して，業界や企業についての専門知識や分析のノウハウを蓄積し，将来業績の予想を修正する技術を身につけており，また多くの私的情報をもつため，一般の投資家に比べて優れた予想を行うことができると考えられる。

　このように企業価値評価において大切なのは，私的情報であり，これを如何に増やすかが重要となる。このとき研究開発費以外の研究開発活動についてのさまざまな情報が定量化され，意思決定に反映されれば，より適切な意思決定を行うことができる可能性が高くなる。ただし，どのような情報を追加して考慮していくのかについては最終的に人間である投資家が決定する必要がある。アルゴリズムを取引に活用することを前提とすると，さまざまな情報が定量化され，その性質が検証されることが重要となる。

第5節　要　約

　本章では，近年の証券市場のおける投資環境の変化から，今後投資家によって必要とされる情報の性質とはどのようなものかを検討した。

　高頻度取引（HFT）は極めて短い時間の間に高い頻度で取引を行う投資であり，これに対しては市場が短期的に撹乱される可能性があること，中長期点な観点から適正な株価形成がなされるのを妨げていることなどが指摘されている。

ただし，HFTは米国，欧州，日本の市場において一定の割合を占めており，今後もその状態が続くであろうことを考えると，各国が提案するようにHFTの規制が必要となると考えられる。

　さまざまな指摘の多いHFTであるが，その普及の背景には近年の情報通信技術の発展によるアルゴリズム取引の拡大がある。HFTは多額の投資が必要となることが多く，潤沢な資金をもつ投資家しか行うことができないのに対して，アルゴリズム取引は用いる戦略によっては，それほど資金をもたない投資家にとっても実行可能な戦略となる。また，投資家が証券会社が提供するアルゴリズムを利用できる機会も増えており，今後もアルゴリズム取引は市場において拡大していくことが予想される。

　アルゴリズムを活用した企業価値評価には，その推定に影響を与える定性的な情報を取り込むために，どのような情報を定量化していくのかが重要となってくる。研究開発活動が企業価値に影響を与える要因であるとするならば，当該活動についての情報を定量化することが必要となる。

●注
1　EUでは金融商品，サービス，市場に関する規制を定めた金融商品市場指令（Markets in Financial Instruments Directive: MiFID）が存在しており，2014年4月にMiFIDに大幅な改正を行ったMiFID ⅡがEU議会で承認された。その改正内容には，技術革新への対応としてアルゴリズム取引，HFTなどの規制が盛り込まれており，ここでの定義もMiFID Ⅱにおけるものである。
2　一般にアルゴリズムとは，問題を解くための手順を定式化した形で表現したものを指す。コンピューターにおいてアルゴリズムという場合には，コンピュータープログラムを指すことが一般的である。
3　「アルゴリズム取引」という場合には，取引が自動化されている範囲は売買執行のみであり，銘柄選択は含まないのが一般的である。また，日本では「システム取引」が同義語として用いられることがある。
4　コロケーションサービスとは，取引所の主要なシステムがあるデータセンター内に，投資家のサーバーを設置するサービスを指す。売買システムおよび相場情報配信システムとの距離が極小化され，気配情報の取得および注文の送信時間を

それぞれ片道数マイクロ秒程度にまで短縮することが可能となる。
5　プロキシミティ・ホスティング・サービスとは，取引所の外部からのアクセスポイントが設置されたデータセンター内に，投資家のサーバーを設置するサービスを指す。コロケーションサービスほどではないが，注文の送信時間を短縮することができる。
6　投資家がHFTにおいて用いている戦略は外部からは観察することはできず，すべての戦略を知ることは難しい。
7　シカゴ・オプション取引（CBOE）のホームページ（http://markets.cboe.com/us/equities/overview/（2017年6月閲覧））より筆者が計算した。
8　報告書は，「情報技術の進展その他の市場・取引所を取り巻く環境の変化を踏まえ，経済の持続的な成長及び国民の安定的な資産形成を支えるべく，日本の市場・取引所を巡る諸問題について，幅広く検討を行うこと」との諮問を受けた審議の結果である。具体的には，①国民の安定的な資産形成と顧客本位の業務運営，②国民の安定的な資産形成におけるETFの活用とインデックス運用の位置付け，③取引の高速化，④市場間競争と取引所外の取引，⑤取引所の業務範囲について，審議を行っている。

第10章 有価証券報告書における研究開発活動の記載内容

第1節 はじめに

　本章は，有価証券報告書の文章から，研究開発活動によって創造された無形資産の価値を捕捉できないかを検討したものである。

　企業の研究開発活動の内容が，企業価値を見積もるうえで大きな位置を占めていることは従前より広く知られている。1999年には，企業会計審議会は，研究開発活動の様子が企業の将来予測において重要であると位置づけ，研究開発投資の総額を開示することを要求する会計基準を公表した。これにより，研究開発投資の額は発生時の費用として処理することとされた。また研究開発に関する情報の公開は財務諸表にとどまらず，企業のホームページや記者会見の場などを通しても行われている。

　これまで研究開発を対象とした会計研究では，研究開発投資の額をもとに，無形資産の価値を探ろうとするものが多かった。たとえばLev and Sougiannis (1996) は，本来は費用処理されている研究開発投資の額を資産計上し，それが5年で償却されたと仮定したうえで，将来利益の額との関連性を検証し，両者にプラスの関係があることを見出した。またKothari et al. (2002) は，研究開発投資額が将来利益の変動に与える影響が，資本的支出のそれよりも3倍大

きいことを示した。これ以外にも研究開発費の額と将来業績との関連性を検証した研究は数多く存在する。

有価証券報告書の「第2　事業の状況」には，研究開発活動について述べた箇所があり，文章によって企業の研究開発活動の様子が記載されている。近年の情報開示の拡大の流れと研究開発活動の重要性の認識が高まるにつれて，当該箇所の記載量も増える傾向にあり，将来業績を予測するうえで有用な情報となっていると考えられるが，これまであまり検証の対象とはされてこなかった。文字（テキスト）情報の分析があまり行われてこなかった理由として，技術的な制約が大きかったと考えられるが，データの整備や解析プログラムが充実してきたこともあって，近年公表される論文にテキスト情報を用いた検証が一定数含まれるようになってきている。

また，近年の証券取引では，コンピューターが事前にプログラミングされた投資戦略にもとづいて売買を行うアルゴリズム取引や極めて短い時間の間に繰り返し売買を行う高頻度取引が大きな割合を占めるようになってきている。これら取引に用いられるプログラミングの内容は企業秘密とされるが，企業が公表する財務数値だけではなくネット上のニュースや経営者の発言などのテキスト情報も取り込んでいるとされ，証券投資の現場においてもテキスト情報に注目が集まっている。ただし現在の技術では，文章の内容を判断する技術は未だ完全とはいえず，プログラムを用いてテキスト内容をどのように解釈するのかについては，研究が進んでいる状況である。

本章ではこのような現状のもと，一般に公表された情報のなかでも統一された記載内容をもつ有価証券報告書のテキスト内容を調査する。具体的には，研究開発活動の記載箇所を対象に，どのような内容が述べられているのか，そして記載内容の特性を捕捉するためにはどのような方法があるのかを考察している。

本章の構成は以下のとおりである。第2節では，有価証券報告書の一般的な記載内容とそのなかで研究開発活動がどのように記述されているのかを確認する。第3節では，記載内容の特性を捉える方法として単語数，異なり語数の比

率に着目し，それらの推移や頻出単語ランキングを検討する。第4節では，3社×13年分の有価証券を対象に詳細に記載内容を検討し，それが先の特性値とどのように関係しているのかを考察する。第5節では，テキスト情報の公開状況について検討し，第6節では，まとめと今後の課題を示している。

第2節 有価証券報告書の記載内容と研究開発活動

(1) 有価証券報告書の記載内容

　有価証券報告書とは，有価証券を発行する企業が事業年度ごとに，当該会社の商号，当該会社の属する企業集団および当該会社の経理の状況その他事業の内容に関する重要な事項その他の公益または投資者保護のため必要かつ適当なものとして内閣府令で定める事項を記載した報告書を指す（金融商品取引法第24条）。有価証券報告書は当該事業年度の経過後3ヵ月以内に提出する必要があり，提出された報告書は金融庁が運営するホームページ（Electronic Disclosure for Investors' NETwork: EDINET）で閲覧することができる。

　その具体的な記載内容については「企業内容等の開示に関する内閣府令」において示されており，おおよそ図表10－1のような項目に分けて記載される。まず有価証券報告書は，「第一部　企業情報」，第三者の保証によって社債を発行している会社が保証会社の情報について述べた「第二部　提出会社の保証会社等の情報」に分けることができ，「第一部　企業情報」がその内容の大部分を占める。さらに企業情報は，「第1　企業の概況」，「第2　事業の状況」，「第3　設備の状況」，「第4　提出会社の状況」，「第5　経理の状況」，「第6　提出会社の株式事務の概要」，「第7　提出会社の参考情報」に分けて記載がなされる。企業情報のなかでも中心となるのが，損益計算書，貸借対照表，株主資本等変動計算書といった財務諸表が収容されている「第5　経理の状況」であり，主に定量的な情報としての記載が多いという特徴がある。一方，「第1

図表10－1 有価証券報告書の記載内容

第一部　企業情報	第1	企業の概況	①主要な経営指標等の推移，②沿革，③事業の内容，④関係会社の状況，⑤従業員の状況
	第2	事業の状況	①業績等の概要，②生産，受注及び販売の状況，③経営方針，経営環境及び対処すべき課題等，④事業等のリスク，⑤経営上の重要な契約等，⑥研究開発活動，⑦財政状態，経営成績及びキャッシュ・フローの状況の分析
	第3	設備の状況	①設備投資等の概要，②主要な設備の状況，③設備の新設，除却等の計画
	第4	提出会社の状況	①株式等の状況，②自己株式の取得等の状況，③配当政策，④株価の推移，⑤役員の状況，⑥コーポレート・ガバナンスの状況等
	第5	経理の状況	①連結財務諸表等，②財務諸表等
	第6	提出会社の株式事務の概要	事業年度，定時株主総会，基準日，株券の種類などの項目
	第7	提出会社の参考情報	①提出会社の親会社等の情報，②その他の参考情報
第二部　提出会社の保証会社等の情報	第1	保証会社情報	①保証の対象となっている社債，②継続開示会社たる保証会社に関する事項，③継続開示会社に該当しない保証会社に関する事項
	第2	保証会社以外の会社の情報	①当該会社の情報の開示を必要とする理由，②継続開示会社たる当該会社に関する事項，③継続開示会社に該当しない当該会社に関する事項
	第3	指数等の情報	①当該指数等の情報の開示を必要とする理由，②当該指数等の推移

企業の概況」,「第2　事業の状況」,「第3　設備の状況」,「第4　提出会社の状況」などは比較的多くの文章を含んでいる。

　図表10－1からも明らかなように，有価証券報告書の記載内容には一定のフォーマットがあり[1]，企業はそれに従い有価証券報告書を作成している。そ

のため，有価証券報告書の記載内容は定量，定性といった情報の種類にかかわらず，企業間の比較可能性が高いといえる。とくに定性的な情報は，形式や記載方法に一定の制約がなければ記載内容に多くのバラつきがみられ，情報間での比較が難しくなると考えられる。そのため有価証券報告書の統一された定性的な情報は投資家にとって貴重であるといえる。

これまで，研究開発に関連する研究では，研究開発活動の文章中の金額部分や「第5　経理の状況」の財務数値を主たる分析対象としていたのに対して，文章についての分析はほとんど行われてこなかった。そこで，本章では文章部分の分析を行うことを前提に，文章内容の特性を取り扱う方法を検討する。

(2)　研究開発活動の記載内容

研究開発活動の記載上の注意点として，「企業内容等の開示に関する内閣府令」の「第二号様式記載上の注意（35）」では，以下のように述べられている。

　最近連結会計年度等（連結財務諸表を作成していない場合には最近事業年度等）における研究開発活動の状況（例えば，研究の目的，主要課題，研究成果，研究体制等）及び研究開発費の金額を，セグメント情報に関連付けて記載すること。

ここでは，研究開発活動の状況を示す具体的な項目として，研究の目的，主要課題，研究成果，研究体制が例示されている。またこれら情報とセグメント情報とを関連させて述べることも要求されている。

では実際の記述は，どのようになっているのだろうか。武田薬品工業の2016年3月決算の有価証券報告書の「第5　経理の状況」の研究開発活動の内容をもとに検討してみよう。分量は用紙で5ページほどであり，研究開発の様子が非常に詳細に記載されている。まず，冒頭に全体の研究開発費が3,459億円であること，うち医療用医薬品事業は3,382億円，コンシューマーヘルスケア事業は16億円であり，研究開発費のほとんどが医療用医薬品事業に向けられていることが述べられている。そのため，コンシューマーヘルスケア事業に関連す

る記述は非常に少ない。

 医療用医薬品事業については，研究開発活動の内容が領域（オンコロジー，消化器系疾患，中枢神経系疾患，ワクチン，その他）ごとに時系列で示されている。たとえば，ワクチンの箇所では，組織体制，製品（季節性インフルエンザワクチン，ヴァクセムヒブ，ノロウイルスワクチン），パートナーシップ・事業開発活動の項目ごとに時系列でその内容を挙げるという構成になっている。組織体制の箇所では，ワクチン事業の成長と開発を促進するために，世界各地の拠点を統廃合することが述べられている。次に製品については，研究開発に必要となる細胞培養技術の買収や取り扱うワクチンが厚生労働省より製造販売承認を取得したこと，研究開発が現在どのような段階にあるのかについての記載がある。そしてパートナーシップ・事業開発活動については，ポリオワクチンの開発のために，ある財団から資金助成を受ける事業提携を結んだことが述べられている。

 武田薬品工業の記載内容は，先に挙げた「記載上の注意」の内容と整合的である。まず，全体として事業セグメント（医療用医薬品事業，コンシューマーヘルスケア事業）ごとに記載がなされている。またセグメントごとの記載内容は，主力となる製品別に，どのような研究がなされ研究成果が挙げられているかが述べられている。さらに，研究を進めるための組織体制についても触れられている。

第3節 研究開発活動の記載内容の特性

 前節では，研究開発活動の箇所の具体的な記載内容を，武田薬品工業を例に確認した。本節では，東京証券取引所に上場する3月決算企業に対象を拡大し，記載内容の特性を計量的な指標を用いて検討する。計量的な指標を用いる意義は，多くの企業サンプルを対象に，客観性を担保したうえで，時系列とクロスセクションでの比較を行うことができる点にある。なお，本章に用いるテキス

ト情報は，プロネクサス社の提供する企業情報データベースサービスeolから取得した。テキスト形式によるデータ取得が可能であった2004年3月期から2016年3月期までを対象とし，期間を通してデータが入手可能な3月決算企業を対象とした。

業種によって研究開発投資の占める重要性は異なり，多くの企業が研究開発費を計上している業種から，ほとんどの企業の研究開発費の額がゼロである業種までさまざまである。本章では，研究開発投資が活発な業種に焦点をあてて，研究開発活動の箇所の記載の特性を検討していく。対象となる業種は，2016年3月期において，研究開発集約度（研究開発費/売上高）の業種平均が2％を超えた化学，医薬品，ゴム，窯業，機械，電気機器，自動車，精密機器の8つである[2]。

以下では，まずテキスト分析のプロセスについて簡単に説明した後に，テキストの特性を示す各指標を測定し，業種ごとの時系列推移をもとに検討を加える。なおテキスト分析には，統計分析パッケージであるR上で，文章を単語レベルに分解する手続き[3]を行うMeCabを動作させることができるRMeCabパッケージを用いている[4]。

(1) テキスト分析

テキスト分析は，小説や新聞，雑誌，アンケートでの自由回答など質的なテキスト型の文書を数量的表現に変換し，統計解析するための計量言語学で用いられる手法である（金, 2009）。近年のPC性能の向上およびプログラムの開発により，大量の文書についてもテキスト分析を行うことができるようになった。しかし日本語のテキスト分析は，英語と比べ普及が遅れているのが現状である。その主な理由として，日本語の文構造の複雑さが挙げられる（Bird et al. 2009）。たとえばテキストを計量的に扱う前提として，文章が品詞レベルに分割されていることが要求されるが，予め単語（品詞）別に区切られている英語に対して，日本語の文章は区切りがなく一続きとなっており，分割する作業が必要となる。この作業は形態素解析（Morphological analysis）とよばれ，文を構成している

一連の文字列を，品詞等の情報を付加した単語リストである「辞書」をもとに，「形態素」とよばれる意味のある最小の単位の構成要素に分解し，各要素の文法的特性を決定する処理を指す[5]（金，2009；伊藤，2002）。たとえば「製品の開発を行う」という文章は，形態素解析を通じて，以下のように形態素に分解され，それぞれに品詞が付与される。

"製品"　"の"　"開発"　"を"　"行う"
名詞　　助詞　　名詞　　助詞　　動詞

　形態素解析によって文字列の適切な切れ目を認識できれば，文書を定量的に表現することができ，統計解析の手法を適用することができる。具体的には，①どのような単語が利用される傾向にあるのか，②どの単語が増加・減少しているのか，③単語と単語の間にはどのような関係（共起関係）があるのかといった観点から，文章内容の分析を行うことができるようになる（那須川ほか，2001）。近年，形態素解析のアルゴリズムを実装したさまざまな解析エンジンが開発され[6]，広く一般に利用可能になったこともあり，日本語を対象としたテキスト分析を使った研究も増えてきている。

(2) 　記載単語数

　有価証券報告書における研究開発活動の箇所の情報量は，企業間でどれほど異なっているのか，また時系列でどのように変化しているのだろうか。そのことを観察するための最も単純な指標が，記載されている総単語数である。単語数が多ければ多いほど，その文章はたくさんの情報を含んでいると考えられる。図表10－2は，「研究開発活動」の箇所に記載されている総単語数の時系列変化を8つの業種別に示したものである。

　図表10－2から，2004年3月期から2016年3月期にかけて，精密機器を除いて，おおむね記載されている単語数が増加している傾向を観察することができる。これは近年の情報開示拡大の要請に応えてのものであると考えられる。と

図表10−2 業種別の総単語数の推移

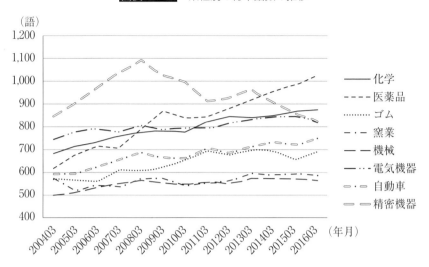

くに大きな伸びを示しているのが医薬品であり，2004年3月期では600語程度であったものが，2016年3月期では1,000語ほどに増加している。変動の大きな精密機器は，2008年にピークである1,100語程度に到達したのち減少し，2016年では電気機器と同程度の水準となっている。2016年においては，600語前後の2業種（機械，窯業），700語前後の2業種（ゴム，自動車），850語前後の3業種（電気機器，精密機器，化学）と1,000語程度の医薬品という分布になっている。

(3) 記載内容の多様性

単語数は記載されている情報内容の多さを測る目安の1つと考えられるが，1つの短所がある。それは同じ文章が繰り返されたときであり，このとき単語数は増えるが，そこに記載されている情報内容は変わらない。本章では，これを克服するため，文書中に異なった単語がどれだけ出現しているかを測定したTTR（types token ratio）という指標にも着目している。TTR値は，単語総数の中でどれだけ異なる名詞が用いられているのかの割合を表すものであり，以下のように計算される。

$$TTR = \frac{Types}{Tokens}$$

　*Types*は出現した単語の種類（異なり語数）であり，*Tokens*は出現した総単語数（延べ語数）である。*TTR*値の解釈は直感的である。たとえば，ある年度の「研究開発活動」の項目に出現する単語の総数が10であったとする。それがすべて異なる単語であれば，異なり語（*types*）は10，*TTR*の値は１となり，これは文章の多様性が高い（内容が豊かである）ことを示していると考えられる。逆にすべて同一の単語が用いられていたとすると，*TTR*の値は1/10になり，文章の多様性が低いことを意味する。ただし，上記の計算のままでは，文章が長くなるにつれ*TTR*値が低く計算されてしまう。そこで，Carroll（1967）で提唱されたように*Tokens*を２倍したものの平方根をとって，この影響を緩和している。また本章では，分子の異なり語には一般名詞のみを用いているのに対し，分母はすべての品詞を含んだ文字通りの総単語数としている。

　図表10－３は産業別のTTRの時系列推移を示したものである。増加の傾向を示しているのは，化学，医薬品，自動車の３つであり，逆に減少傾向にあるのはゴムである。それ以外の業種はおおよそ同じ水準を維持しており，多様性はそれほど変化していない。

(4)　出現単語のランキング

　本節では総単語数，TTRといった計量的な側面から情報の特性を捉えようと試みているが，実際にはどのような単語が多くみられるのであろうか。

　図表10－４は８つの業種における出現単語の30位までのランキングである。各業種とも１位から５位では，おおよそ研究開発，技術，製品，事業といった単語が共通して出現しているが，６位以降になると業種を反映した単語が出てくる。たとえば，医薬品においては，治療（６位，以下括弧内の数字は順位を表す），フェーズ（9），申請（12），遺伝子（17），医薬品（19），DNA（22），治療薬（25），臨床（26），細胞（27）が業種の特性を表す単語といえ，特に17位の遺伝子以

第10章 有価証券報告書における研究開発活動の記載内容

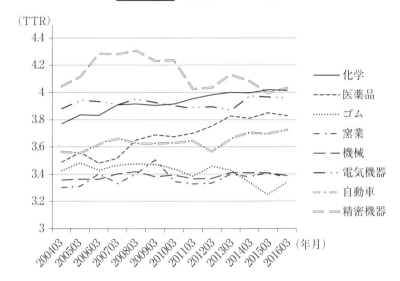

図表10-3 産業別のTTRの推移

降の単語がより業種特性を反映するものとなっている。この傾向は他の業種においても同様であることが図表10-4からもわかる。

各業種において特性を表す単語はその出現頻度に応じて，5位から15位までと16位以降に分けられる。なかでも高い頻度でかつ業界の特有語を含んでいるのは16位以降ということになる。これはもし業界の特徴をつかむ単語をピックアップしようとするならば，16位以降の単語に注目すればよいということを意味している。

第4節 企業別の記載内容の特性比較

先の総単語数とTTRは，企業の研究開発活動の記述のどのような側面を捉えているのだろうか。本章では，研究開発活動についての情報内容の多さに関心があり，有価証券報告書の画一的なフォーマットにもとづく記載を前提とす

図表10-4 8業種の出現単語ランキング

順位	化学	医薬品	ゴム	窯業	機械	電気機器	自動車	精密機器
1	開発	開発	開発	研究開発	開発	開発	開発	開発
2	研究開発	研究開発	研究開発	開発	研究開発	研究開発	研究開発	研究開発
3	技術	試験	技術	技術	技術	技術	技術	技術
4	製品	当社	製品	事業	事業	製品	製品	事業
5	事業	承認	事業	製品	活動	事業	活動	製品
6	分野	治療	ゴム	活動	当社	当社	当社	システム
7	材料	活動	当社	当社	製品	活動	事業	当社
8	当社	米国	活動	年度	年度	システム	部品	活動
9	機能	フェーズ	年度	連結会計	連結会計	対応	商品	年度
10	活動	研究	研究	分野	対応	機器	対応	装置
11	研究	事業	部品	商品	装置	市場	年度	連結会計
12	新規	申請	分野	グループ	システム	年度	連結会計	機能
13	年度	販売	連結会計	関連	市場	分野	自動車	機器
14	対応	年度	材料	研究	グループ	連結会計	システム	分野
15	市場	日本	量産	材料	研究	機能	環境	関連
16	連結会計	連結会計	グループ	環境	関連	グループ	グループ	可能
17	関連	遺伝子	樹脂	製造	商品	装置	性能	実現
18	環境	対象	自動車	対応	分野	実現	技術開発	対応
19	グループ	医薬品	機能	機能	機能	関連	エンジン	グループ
20	塗料	製品	商品	耐火物	加工	可能	研究	市場
21	用途	技術	中心	性能	環境	商品	採用	研究
22	樹脂	DNA	環境	コンクリート	機器	部門	ニーズ	シリーズ
23	部門	領域	対応	市場	シリーズ	環境	量産	使用
24	新製品	一般名	セグメント	中心	ニーズ	シリーズ	燃費	検査
25	研究所	治療薬	メーカー	工法	部門	研究	安全	成果
26	商品	臨床	市場	部門	機械	性能	機能	商品
27	ニーズ	細胞	関連	セラミックス	セグメント	制御	材料	製造
28	展開	グループ	新規	施工	製造	セグメント	市場	測定
29	製造	適応	コンパウンド	セグメント	次	ニーズ	実現	発売
30	顧客	製造	次	技術開発	実現	成果	コスト	加工

るとき，記載の項目数がそれにあたると考えている。そこで総単語数とTTRを記載項目数と比較することによって，どちらが情報内容の多さの指標として妥当かを検討している。

　ここではまず研究開発費/売上高比率の最も高い医薬品業界に注目し，業界内において比率の高い武田薬品工業と低い沢井製薬とを比較する。武田薬品工業は新薬も開発する総合製薬会社であり，沢井製薬はジェネリック医薬品を取り扱う企業である。よって両者における研究開発の位置づけは当然異なり，記載の内容も大きく異なると考えられる。次に他業種の検討対象として電機機器業界からパナソニックを取り上げる。

(1) 武田薬品工業

　武田薬品工業は，医薬品業界では国内の売上高第1位であり，日本を代表する製薬メーカーである。2016年3月期の事業セグメントは，医療用医薬品事業，コンシューマーヘルスケア事業，その他事業となっており，売上高構成比でみると90％を医療用医薬品事業が占めている。武田薬品工業は研究開発に積極的であり，売上収益の19％にあたる3,459億円を研究開発に投じている。

　図表10－5で示すように，武田薬品工業の記載は，企業が取り組む重点領域を示したうえで，研究開発活動の主な成果を①自社創成品に関する取組，②製品付加価値の最大化，③導入・アライアンス活動，④研究体制の整備・強化の項目別に記載するという形式をとっており，これは2006年から2016年までほとんど変わっていない。2004年と2005年は，①から④の項目を設定してはいないが，当該内容を含んでおり，項目ごとにカウントしている。図表10－5では，項目ごとに記載件数を示しているが，期間を通して記載の項目名がほぼ変わらないことによって件数を比較することが容易になっている。2010年までは年を追うごとに項目数が増加しており，その後は2013年と2014年を除いて，35項目前後となっている。

　図表10－6は武田薬品工業の総単語数とTTRの値の推移を表したものである。2004年では714語であった総単語数も，2016年には4,491語に達している。

図表10-5　武田薬品工業の記載内容の概要

決算年 (総項目数)	記載内容の概要と項目数
2004 (10)	・重点領域（1） ・研究開発活動の主な成果：①自社研究開発（1），②製品付加価値の最大化（2），③導入・アライアンス活動（4），④研究体制の整備・強化（2）
2005 (11)	・重点領域（1） ・研究開発活動の主な成果：①自社研究開発（1），②製品付加価値の最大化（2），③導入・アライアンス活動（5），④研究体制の整備・強化（2）
2006 (22)	・重点領域（1） ・研究開発活動の主な成果：①自社研究開発（7），②製品付加価値の最大化（4），③導入・アライアンス活動（10），④研究体制の整備・強化（0）
2007 (19)	・重点領域（1） ・研究開発活動の主な成果：①自社研究開発（2），②製品付加価値の最大化（5），③導入・アライアンス活動（9），④研究体制の整備・強化（2）
2008 (25)	・重点領域（1） ・研究開発活動の主な成果：①自社研究開発（8），②製品付加価値の最大化（5），③導入・アライアンス活動（9），④研究体制の整備・強化（2）
2009 (32)	・重点領域（1） ・研究開発活動の主な成果：①自社研究開発（11），②製品付加価値の最大化（6），③導入・アライアンス活動（11），④研究体制の整備・強化（3）
2010 (35)	・重点領域の変更（1） ・研究開発活動の主な成果：①自社研究開発（15），②製品付加価値の最大化（5），③導入・アライアンス活動（13），④研究体制の整備・強化（1）
2011 (37)	・重点領域の変更（1） ・研究開発活動の主な成果：①自社創成品に関する取組（10），②製品付加価値の最大化（4），③導入・アライアンス活動（20），④研究体制の整備・強化（2）
2012 (34)	・重点領域（1） ・研究開発活動の主な成果：①自社創成品に関する取組（15），②製品付加価値の最大化（3），③導入・アライアンス活動（11），④研究体制の整備・強化（4）
2013 (31)	・重点領域（1） ・研究開発活動の主な成果：①自社創成品に関する取組（8），②製品付加価値の最大化（4），③導入・アライアンス活動（13），④研究体制の整備・強化（5）
2014 (30)	・重点領域（1） ・研究開発活動の主な成果：①自社創成品に関する取組（11），②導入・アライアンス活動（13），③研究体制の整備・強化（5）
2015 (36)	・重点領域（1） ・研究開発活動の主な成果：①自社創成品に関する取組（10），②導入・アライアンス活動（16），③研究体制の整備・強化（9）
2016 (36)	・重点領域（1） ・研究開発活動の主な成果：①自社創成品に関する取組（17），②導入・アライアンス活動（14），③研究体制の整備・強化（4）

第10章　有価証券報告書における研究開発活動の記載内容

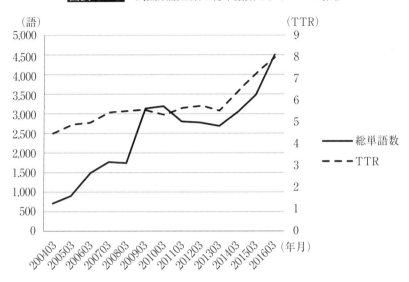

図表10－6　武田薬品工業の総単語数およびTTRの推移

文章の豊かさを表すTTRはこれと同様の動きをしている。両者の特性を探るために変化の方向が異なる2つの期間に着目して検討する。まず2007年から2008年にかけては，総単語数は1,766語から1,736語へと30語減少しているのに対して，TTRは5.418から5.482へと0.064増加している。情報内容のベンチマークとして項目数を用いるとき，同時期に19項目から25項目へと6項目増加していることから判断すると，TTRの方が情報内容を適切に描写している。また2010年から2011年にかけては，総単語数が3,190語から2,797語へと393語減少する一方，TTRは5.358から5.656へと0.298増加している。この間に項目数は35項目から37項目へと2つ増加しており，ここでもTTRの方がこの動きを適切に捕捉しているといえる。

(2)　沢井製薬

沢井製薬は，すでに販売されている薬品と同じ有効成分をもつジェネリック医薬品の製造および販売を行う製薬会社である。そのため，新薬の研究，開発

を手掛ける武田薬品工業に比べて，研究開発活動の規模も大きく異なる。2016年では80億円の研究開発費を支出しており，売上高に占める研究開発費の割合は6.4％となっている。

　図表10－7で示すように，2004年から2016年まで，沢井製薬の記載のフォーマットはほとんど変化がないことがわかる。記載内容はコンパクトであり，製

図表10－7　沢井製薬の記載内容の概要

決算年 (総項目数)	記載内容の概要と項目数
2004 (3)	・研究開発体制：当社に研究開発本部，メディサ新薬に研究開発部(1) ・製造承認28品目(1)，製造承認申請26品目(1)
2005 (3)	・研究開発体制：当社に研究開発本部，メディサ新薬に研究開発部(1) ・製造承認35品目(1)，製造承認申請48品目(1)
2006 (3)	・研究開発体制：当社に研究開発本部，メディサ新薬に研究開発部(1) ・製造承認47品目(1)，製造承認申請55品目(1)
2007 (2)	・研究開発体制：当社に研究開発本部，メディサ新薬に研究開発部(1) ・製造承認46品目(1)
2008 (2)	・研究開発体制：当社に研究開発本部，メディサ新薬に研究開発部(1) ・製造承認63品目(1)
2009 (2)	・研究開発体制：当社に研究開発本部(1) ・製造承認65品目(1)
2010 (2)	・研究開発体制：当社に研究開発本部(1) ・製造承認53品目(1)
2011 (2)	・研究開発体制：当社に研究開発本部(1) ・製造承認44品目(1)
2012 (2)	・研究開発体制：当社に研究開発本部(1) ・製造承認40品目(1)
2013 (2)	・研究開発体制：当社に研究開発本部(1) ・製造承認32品目(1)
2014 (2)	・研究開発体制：当社に研究開発本部(1) ・製造承認23品目(1)
2015 (2)	・研究開発体制：当社に研究開発本部(1) ・製造承認28品目(1)
2016 (2)	・研究開発体制：当社に研究開発本部(1) ・製造承認26品目(1)

第10章　有価証券報告書における研究開発活動の記載内容

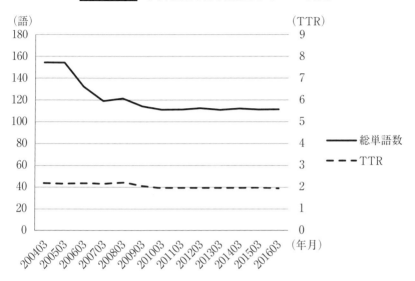

図表10－8　沢井製薬の総単語数およびTTRの推移

造承認または製造承認申請は件数のみについて開示されており，詳細は示されていない。そのため項目数のカウントとしてはそれぞれ1としている。

図表10－8で示すように総単語数で見た場合には，2004年の154語から徐々に減少し，2010年には111語となり，以後その水準を維持している。またTTRについても，2004年の2.165から2010年には1.964へとわずかに減少し，その後は同様の水準となっている。両者の動きはほぼ同じである。

2004年，2005年，2006年に着目すると，情報内容の多さを示す項目数は3のままであるが，総単語数は2005年の154語から2006年の132語と14％の減少となっている。一方，TTRは2.165から2.154と0.5％の減少であり，ほぼ同様の水準を保っていることから，より適切に情報内容の多さを描写しているといえる。

(3)　パナソニック

電気機器業界のなかでも大手のパナソニックは，自社での研究開発に多額の資金を投じている。2016年3月決算の投資額は4,498億円であり，これは売上

高の6％に相当する。

　パナソニックも基本的なフォーマットは武田薬品工業と同様である。**図表10－9**のように，はじめに全社的な研究開発の体制や方針に触れたあと，事業セグメントごとに，研究開発活動を担当している部署と具体的な成果が述べられている。パナソニックでは，事業セグメントがある程度細かく分かれ，それぞれ研究開発費の額も示されており，セグメント別の売上高や利益といった情報と対比することができるという特徴がある。

　図表10－10で示すようにパナソニックの総単語数は2004年の1,350語から，2013年の3,275語まで増加し，その後2,000語程度の記述に落ち着いている。TTRの動きについても，その変動は穏やかながら，総単語数と同様の動きをしていることがわかる。

　総単語数とTTRのどちらが記載内容を示す指標として妥当なのかを，両者の動きが異なる2つの期間を対象に検討する。2014年から2015年にかけては，総単語数が356語増加，TTRが－0.061の減少となっている。同期間での項目数は3項目の減少である。また，2015年から2016年にかけては，総単語数が176語減少，TTRが0.350の増加となっている。この期間，項目数は2項目の増加となっており，先の例とあわせるとTTRが情報内容の量を適切に捉えていることがわかる。

　3社の記載内容の分析からわかることは，以下のとおりである。まず，有価証券報告書の作成にあたって一度用いられたフォーマットはそのまま引き継がれる傾向が強いという点がある。これは情報利用者にとっては，時系列での比較が行いやすいという特性となっている。また記載内容については，おおむねガイドラインの例示を踏襲しているといえる。

　次に，研究開発活動の記載内容の多さを表す値として，総単語数およびTTRともに一定の妥当性を有するが，記載内容の項目数を基準に判断した場合には，TTRの方が記載内容を適切に捕捉している可能性が高いことがわかる。

第10章　有価証券報告書における研究開発活動の記載内容

図表10-9　パナソニックの記載内容の概要

決算年 (総項目数)	記載内容の概要と項目数
2004 (30)	・全社的な研究開発体制(1) ・事業セグメント別の成果：①AVCネットワーク：研究体制, 研究成果(7), ②アプライアンス：研究体制, 研究成果(7), ③デバイス：研究体制, 研究成果(7), ④日本ビクター：研究体制, 研究成果(5), ⑤その他：研究体制, 研究成果(3)
2005 (16)	・全社的な重点開発テーマ(1) ・事業セグメント別の成果：①AVCネットワーク：研究体制, 研究成果(3), ②アプライアンス：研究体制, 研究成果(2), ③デバイス：研究体制, 研究成果(3), ④電工・パナホーム：研究体制, 研究成果(3), ⑤日本ビクター：研究体制, 研究成果(2), ⑥その他：研究体制, 研究成果(2)
2006 (16)	・全社的な重点開発テーマ(1) ・事業セグメント別の成果：①AVCネットワーク：研究体制, 研究成果(3), ②アプライアンス：研究体制, 研究成果(2), ③デバイス：研究体制, 研究成果(3), ④電工・パナホーム：研究体制, 研究成果(3), ⑤日本ビクター：研究体制, 研究成果(2), ⑥その他：研究体制, 研究成果(2)
2007 (18)	・全社的な研究開発方針(1) ・事業セグメント別の成果：①AVCネットワーク：研究体制, 研究成果(4), ②アプライアンス：研究体制, 研究成果(3), ③デバイス：研究体制, 研究成果(4), ④電工・パナホーム：研究体制, 研究成果(3), ⑤日本ビクター：研究体制, 研究成果(2), ⑥その他：研究体制, 研究成果(1)
2008 (16)	・全社的な研究開発方針(1) ・事業セグメント別の成果：①AVCネットワーク：研究体制, 研究成果(4), ②アプライアンス：研究体制, 研究成果(3), ③デバイス：研究体制, 研究成果(4), ④電工・パナホーム：研究体制, 研究成果(3), ⑤日本ビクター：研究開発費の額のみ表示, ⑥その他：研究体制, 研究成果(1)
2009 (13)	・全社的な研究開発方針(1) ・事業セグメント別の成果：①デジタルAVCネットワーク：研究体制, 研究成果(3), ②アプライアンス：研究体制, 研究成果(3), ③電工・パナホーム：研究体制, 研究成果(3), ④デバイス：研究体制, 研究成果(2), ⑤その他：研究体制, 研究成果(1)
2010 (15)	・全社的な研究開発方針(1) ・事業セグメント別の成果：①デジタルAVCネットワーク：研究体制, 研究成果(3), ②アプライアンス：研究体制, 研究成果(3), ③電工・パナホーム：研究体制, 研究成果(3), ④デバイス：研究体制, 研究成果(2), ⑤三洋電機：研究体制, 研究成果(2), ⑥その他：研究体制, 研究成果(1)

2011 (13)	・全社的な研究開発方針（1） ・事業セグメント別の成果：①デジタルAVCネットワーク：研究体制，研究成果（3），②アプライアンス：研究体制，研究成果（2），③電工・パナホーム：研究体制，研究成果（2），④デバイス：研究体制，研究成果（2），⑤三洋電機：研究体制，研究成果（2），⑥その他：研究体制，研究成果（1）
2012 (16)	・全社的な研究開発方針（1） ・事業セグメント別の成果：①デジタルAVCネットワーク：研究体制，研究成果（2），②アプライアンス：研究体制，研究成果（2），③システムコミュニケーションズ：研究体制，研究成果（2），④エコソリューションズ：研究体制，研究成果（3），⑤オートモーティブシステムズ：研究体制，研究成果（1），⑥デバイス：研究体制，研究成果（2），⑦エナジー：研究体制，研究成果（1），⑧その他：研究体制，研究成果（2）
2013 (11)	・組織横断的な取り組み（1） ・事業セグメント別の成果：①AVCネットワークス：研究体制，研究成果（2），②アプライアンス：研究体制，研究成果（2），③システムコミュニケーションズ：研究体制，研究成果（2），④エコソリューションズ：研究体制，研究成果（2），⑤オートモーティブシステムズ：研究体制，研究成果（2）
2014 (16)	・組織横断的な取り組み（4） ・事業セグメント別の成果：①アプライアンス：研究体制，研究成果（3），②エコソリューションズ：研究体制，研究成果（3），③AVCネットワークス：研究体制，研究成果（3），④オートモーティブ＆インダストリアルシステムズ：研究体制，研究成果（3）
2015 (13)	・組織横断的な取り組みと成果（1） ・事業セグメント別の成果：①アプライアンス：研究体制，研究成果（3），②エコソリューションズ：研究体制，研究成果（3），③AVCネットワークス：研究体制，研究成果（3），④オートモーティブ＆インダストリアルシステムズ：研究体制，研究成果（3）
2016 (15)	・組織横断的な取り組みと成果（3） ・事業セグメント別の成果：①アプライアンス：研究体制，研究成果（3），②エコソリューションズ：研究体制，研究成果（3），③AVCネットワークス：研究体制，研究成果（3），④オートモーティブ＆インダストリアルシステムズ：研究体制，研究成果（3）

第5節　EDINETによるテキスト情報開示

　本章では，有価証券報告書のテキスト部分の分析を行うため有料のデータベースからテキスト情報を入手している。多くの投資家が，テキスト情報をもとに計量的なテキスト分析を行い意思決定に活用するためには，これら情報が

第10章　有価証券報告書における研究開発活動の記載内容

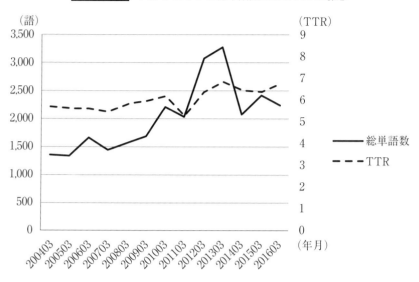

図表10-10　パナソニックの総単語数およびTTRの推移

容易に入手できる環境が必要となる。近年，ネットによる情報開示システムEDINETにおける開示データ範囲および開示データ形式の拡大によって，テキスト情報が利用可能となる環境が整ってきている。

　金融商品取引法に基づく電子情報開示システムであるEDINETは，紙媒体で提出されていた有価証券報告書，有価証券届出書等の開示書類について，提出から公衆縦覧に至るまでの手続きを電子化したものであり，2001年から稼動を始めた（坂上，2016）。その主な機能として書類提出機能と書類閲覧機能の２つがある。前者はインタ　ネットを通じて，有価証券報告書等の開示書類をアップロードし，財務（支）局等に提出する機能を指す。これにより開示書類の提出者は，書類の印刷費用や財務（支）局等に出向く必要がなくなり，事務負担が軽減される。一方，後者は，提出された書類を財務（支）局等のパソコンで縦覧できるほか，インターネット経由で場所を問わず閲覧できる機能を指す。これにより，情報利用者は迅速かつ公平に企業情報へアクセスすることができる。

　EDINETは稼動以来，利便性の向上のためさまざまな改良がなされてきてい

163

る。2008年4月1日以後に開始される事業年度に係る財務諸表本表については，国際的に標準化された財務報告等に使用されるコンピューター言語であるXBRL（eXtensible Business Reporting Language）形式によって提出することとなった。対象となった書類は，有価証券届出書，有価証券報告書，四半期報告書および半期報告書である。情報がXBRL形式で開示されることによって，情報利用者は財務データを数値のかたちで入手できるようになり，財務数値を用いた高度な加工および分析を行うことができるようになった。

さらに開示書類の二次利用性や検索機能の向上等を図る一環として，2013年からは，XBRLの対象範囲を拡大し，臨時報告書，公開買付届出書，公開買付報告書および大量保有報告書も含まれることとなった。また，多くの様式について報告書全体がXBRL対象範囲となる。これにより，財務数値のみならず，文章の部分についてもデータのかたちで入手することができるようになった。

ただし従来に比べてテキストデータ入手のコストは下がったとはいえ，分析を実際に行うにはいくつかのハードルがある。たとえば，入手したデータを分析に使用するためには，まず分析者の目的に合致したデータ形式へ変換する必要があり，また大量のデータを分析するには専門的な知識が必要となる。前者に関連して，EDINETのホームページでは，この負担を軽減するために，広く使われるデータ形式であるcsv形式に変換するツールが用意されている。また分析についてはEDINETの使用を前提とした，無償，有償のソフトが公開されてきており，テキスト分析を行いやすい環境が整いつつある。

第6節 要　約

本章では有価証券報告書の研究開発活動の状況について，総単語数，TTRのどちらが記載内容の多さを適切に表しているかを，時系列およびクロスセクション，具体的なケースを通じて検討した。

各企業の記載内容からは，おおよそガイドラインで示された内容に従って記

載がなされていることがわかった。具体的には，各企業ともガイドラインに例示されていた，研究の目的，主要課題，研究成果，研究体制等の観点から記載を行っていることがわかる。また研究開発活動の内容や研究開発費の金額が，セグメント情報に関連づけて開示されていた点もガイドラインのとおりであった。これらの特徴を有しているため，各企業の記載内容に関しては比較可能性は高く，とくに各企業とも一度採用した記載フォーマットを用いる傾向があることから，同一企業の時系列比較は行いやすいといえる。

　研究開発の記載が前述のような特徴をもつことをふまえ，本章では情報内容のベンチマークとして記載項目数を用いて検討を行った。記載内容の情報量を表すと考えられる総単語数およびTTRの分析からは，記載内容のベンチマークである項目数と比較した場合，TTRのほうが総単語数よりも記載内容の情報量を適切に捕捉している可能性が高いことが示された。

　残された課題は以下のとおりである。まず記載内容のベンチマークの問題がある。本章では記載項目数に焦点をあてているが，企業によっては，セグメントごとに同数の項目を設定したうえで記述を行っている可能性が高いものがある。また同じ項目数であっても，記述の深さに違いがある場合も存在するだろう。これについては，たとえば単に異なり語のみを対象とするのではなく，第3節でも取り上げたように，研究開発により深く関連する頻出単語の出現率を用いるなどの工夫が考えられる。今後はより多くのベンチマーク指標も用いて多角的にチェックすることが有用であると考える。

　また本章での分析は，3社の13年分を対象としたものであり，指標としての妥当性を検討するにはサンプルを拡大する必要がある。

　最後に，文章の内容は，単語より大きな区分である節や文さらには段落単位で意味をなすものであり，分析対象をこれらのレベルに拡大する必要がある。これまではPCの性能やプログラムの制約があり，対応することが難しかったが，PCの処理速度の向上や形態素解析，形態素の関連を分析する構文解析といった，テキスト分析とその周辺の技術の進歩は目覚しいものがある。これら技術を用いることによってさらなるテキスト分析研究の進展が期待される。

●注
1 財務会計基準機構は，決算年度ごとに，その時点で利用可能な金融商品取引法，開示府令，各種のガイドラインにもとづいた「有価証券報告書の作成要領」を公開している。
2 サンプルに含まれる業種ごとの企業数は化学136社，医薬品31社，ゴム10社，窯業38社，機械160社，電気機器182社，自動車65社，精密機器30社であった。
3 後述するようにこの手続は形態素解析とよばれるものであり，最小の意味の単位である形態素に文章を分割し，品詞情報を付け加える作業を指す。単語の定義が論者によって異なるため，単語と形態素は完全に同一のものとはいえない。ただし分析にあたってはほぼ同様のものと捉えられていることが多く，本章では単語という用語に統一している。
4 Rのバージョンは3.2.3（2015-12-10），RMeCabのバージョンは0.99993 for R-3.2.3を用いている。RMeCabで文章を形態素に分割するために用いる辞書は，メインとなるシステム辞書にnaist-jdic for mecab（naist-jdic-0.6.3b-20111013）を選択し，ユーザー辞書にはwikipediaの項目とはてな日記のword list with huriganaを追加した。ユーザー辞書の追加により，人名，企業名など固有名詞や専門分野の用語に関する語彙が拡張されている。
5 詳細な手続は以下のとおりである（Bird et al., 2009も参照されたい）。まず，取り込まれた文書に対して，予め用意されている辞書のすべての単語をもとに，形態素へと分解する分かち書き（tokenization）にどのようなパターンがあるかが，可能性のある形態素と形態素を結んだ格子状の経路図である単語ラティスのかたちで示される。次にラティスのどの経路がもっとも自然なのかを決定するのに用いられるのが「コスト最小化基準」である。単語ラティスを構成する各経路にコストを割り付けるには，一般的には単語の生起（出現）のしやすさを表す生起コストと単語同士のつながりやすさである連結コストの2つのコストが計算される。最終的には，それら2つのコストを最小にするような経路が算出され，結果が返される仕組みである。このことから辞書は解析の基礎として重要であり，同じ形態素解析プログラムでも，どの辞書を用いるかで分かち書きの結果が異なることがわかる。
6 日本語対応の代表的な解析エンジンとしては，本章で用いているMeCabほか，JUMAN, Chasen, Cabocha, Janomeなどがある。

第11章 研究開発活動のテキスト情報と将来業績

第1節 はじめに

　これまで財務会計分野における研究開発活動の研究では，その投資金額に焦点があてられることが多かった。しかし企業の研究開発活動の様子については，企業のIR活動の一環として財務数値以外に文章，図表や写真なども用いて情報が提供されている。たとえばパナソニックの企業情報についてのホームページのトップには，会社概要，沿革，ブランドといった内容へとリンクするボタンが28ある（2017年8月1日閲覧）。そのうち研究開発に関連する技術・デザイン関連のボタンは計7つあり，研究開発体制から，今後10年にわたる研究開発のビジョン，対外的に発表された研究開発の成果などが写真や図表，文章を用いて示されている。この開示のボリュームから，パナソニックにおける研究開発活動の重要性が大きく，利害関係者に対してさまざまな表現方法を用いて情報公開を行っていることがわかる。

　法的な開示情報である有価証券報告書においても，当期に使用された研究開発費の総額が開示されているほかに，企業の研究開発活動の状況が記載されている。有価証券報告書の「第2　事業の状況」の「研究開発活動」がそれであり，主に文章によって研究開発活動の様子が述べられていることは，前章でも

述べたとおりである。そこにはホームページに掲載されている情報のすべての内容が盛り込まれているわけではないが，研究開発費の金額情報を補う重要な情報が公開されている。つまり，これら定性情報を企業価値評価に織り込むことができれば，よりよい投資意思決定を行うことができると考えられる。問題は定性情報をいかに定量情報と結びつけるかである。

近年の証券市場において，プログラムにもとづき自動的に証券取引を行うアルゴリズム取引が拡大し，その取引手法も進化していることは第9章で述べたとおりである。これまで人間が行ってきた定量情報と定性情報に基づく分析作業を，定性情報を定量化する技術が進歩したことにより，アルゴリズム上で行うことが可能となってきている。三菱ＵＦＪ信託銀行では，販売する国際投信について売買する銘柄やタイミングを助言する際に，文字データを使用するテキスト分析を利用している。具体的には，国内上場約2,000社の決算短信や有価証券報告書をみて安定高配当銘柄を選定する作業とブルームバーグのニュースやアナリストの利益予想から，短期投信のための銘柄を選ぶ作業に活用している（日本産業新聞2017年4月3日）。このようにテキスト分析の技術が利用される機会は広がっている。

そこで本章では，これまであまり分析が行われてこなかった有価証券報告書の「研究開発活動」の記載に焦点をあて，テキスト分析の手法を用いて情報内容の定量化を行う。その後に，定量化された情報内容が，すでに公表されている研究開発費の金額情報を所与として，追加的に将来業績を説明しているのかを検討する。

本章の構成は以下のとおりである。第2節では，先行研究と仮説の導出を行う。研究開発活動がどのようなかたちでテキスト情報として記載されているのか，またそれらがどのような情報内容を有しているのかを先行研究をもとに検討する。第3節では，分析に用いる変数の測定方法の説明を行い，検証に用いる実証モデルを示す。第4節では，サンプルと基本統計量を示す。第5節で分析結果を確認し，第6節で要約と今後の課題を示す。

第2節 先行研究と仮説の設定

(1) 会計研究におけるテキスト情報の利用

　会計やファイナンスの分野でも，テキスト分析を用いた研究が散見されるようになってきている。このことを受けて，Loughran and Mcdonald（2016）では，テキスト分析を用いた研究について分析技術の観点からのレビューが行われている。日本においては，白田ほか（2009）は，上場企業のうち1999年から2005年の倒産企業90社を対象に，有価証券報告書の「配当政策」の名詞，動詞，形容詞，形容動詞に焦点をあて分析を行っている。結果として①「遺憾だ」という表現が倒産企業群を特徴づけること，②「配当金」が含まれる文脈に枚数表現や金額表現が現れる，「内部留保」の文脈に「研究開発」「設備投資」「新規事業」が現れるのは継続企業である傾向があることを指摘した。また，菰田，那須川（2014）は，2007年から2011年までの電気機械製造業40社を対象に，有価証券報告書「対処すべき課題」の名詞に焦点をあて分析を行った。結果として，①好業績型の企業ほど課題認識構造が固まった時期が早いこと，②黒字回復型の企業のみが「収益力」強化を重点課題としていたが，それ以外の企業は「コスト構造」改革を重点課題としていたことを明らかにしている。

　これまで企業の研究開発活動の様子は，研究開発費の額を基準に測定されることが多かった。ただし研究開発活動が，どのような分野においてなされ，またどの程度進展しているかといったことは，投資された金額からはわからない。企業が行うディスクロージャー活動では，法的に開示が要求される研究開発費の金額情報以外に，文章による文字情報も提供しており，これらには研究開発の様子を推測するのに有用な情報が多く含まれていると考えられる。Merkley（2014）は，米国証券取引委員会（Securities and Exchange Commission: SEC）によって提出が義務づけられている財務報告書である10-Kファイルを対象に，研究開発に関連する語句の数を測定しディスクロージャーの積極性の代理変数

とし，企業業績との関連性を調査した。その結果，経営者は業績が低いときにディスクロージャーの量を増加させること，つまり経営者が業績に応じてテキスト情報の量を変化させる傾向があることを示した。また市場参加者もテキスト情報を有用なものとして捉えていることもあわせて例証している。

(2) 有価証券報告書の記載内容と将来業績

　金融商品取引法によって発行が義務づけられる有価証券報告書には，企業の研究開発活動について文章で書かれた箇所がある。そこでは研究開発活動の状況を記載し，さらにこれらの情報はセグメント情報に関連づけて記載することが要求されている。研究開発の状況をどのように記載するのかについては，研究の目的，主要課題，研究成果，研究体制といった項目が例として示されているだけである。

　第10章での分析において取り上げたサンプル企業は上記4つの観点に従い，研究開発活動について記載していることがわかった。いずれの観点も企業の将来業績を予測するには有用な情報であるが，研究成果の部分は，現在進行中の研究開発活動のうち途中成果として結実したもの，つまりは自己創設の無形資産について触れていることとなり，とくに重要な情報となる。したがって，研究開発活動の部分に書かれている内容が多ければ，将来業績にプラスの影響を与えるものと考えられ，以下の仮説が設定される。

仮説1　研究開発についてのテキスト情報が高い情報内容をもつとき，将来業績は高くなる。

　また第10章では，有価証券報告書の研究開発活動の箇所における記載項目の順序や書き方といったフォーマットは，企業内で継続して引き継がれていることが示された。このことは，少なくとも同一企業におけるテキストの比較可能性が非常に高いことを示しており，記載内容の増加（減少）は，研究開発活動の成果として保有する無形資産の増加（減少）を表しているといえる。つまり，

テキストの情報内容の増加は，将来業績にプラスの影響を与えると考えられる。

仮説2　研究開発についてのテキスト情報の情報内容が増加するとき，将来業績は高くなる。

第3節　テキスト内容の測定と検証方法

　本章では有価証券報告書のテキスト部分の定性情報を定量情報に変換することによって検証を行う。この変換作業に用いられるのがテキスト分析の手法であり，近年のコンピューターの処理速度の向上とテキスト分析プログラムの開発により活用が容易となった。

　本章では，第10章と同じく文章を単語レベルに分解する手続きを行うため，統計分析パッケージであるR上で形態素解析プログラムMeCabを動作させることができるRMeCabパッケージを用いて，文章を単語レベルに分解したうえで以下の分析を行っている[1]。

(1) テキスト内容の測定

　有価証券報告書の研究開発活動の箇所には，研究の目的，主要課題，研究成果，研究体制といった観点からの記述が含まれているのは先述のとおりである。記載されている内容を項目数をもとに確認すると，その多くは研究成果についてのものであることがわかった。ここで述べられている研究成果とは，研究開発投資の結果，得られた途中成果であり，ある程度まで研究が成功していることを表している。研究開発費が資産へと計上できない理由として，将来収益獲得の不確実性が挙げられているが，ここでの途中成果は不確実性が少なくなった状態であるといえる。つまりは，研究開発活動の箇所に記載されている項目数は，企業内に蓄積された無形資産の代理変数となっていると考えられる。

　本章では，文章に含まれる項目数（つまりは情報内容）の多寡を，研究開発

活動の記述がどれほど多くの数・種類の単語を用いているのかという点から測定している。具体的には，第10章と同様に出現した単語の総数である総単語数とどれほど異なった種類の単語を用いているかを示すTTR（types token ratio）値を用いている。TTR値は，総単語数の中でどれだけ異なる一般名詞が用いられているのかの割合を表すものであり，以下のように計算される。

$$TTR = \frac{Types}{Tokens}$$

ここでTypesは，出現した単語の種類（異なり語数）であり，Tokensは，出現した総単語数（延べ語数）である。このときTTRは最大で1をとり，その値が大きいほど文章が多様であることを示している。たとえば，ある文章に出現する単語の総数（Tokens）が10であったとする。それが全て異なる単語であれば，異なり語（types）は10，TTRの値は1となり，文章の多様性が高く内容が豊かであることを示している。逆にすべて同一の単語が用いられていた場合には，TTRの値は1/10になり，文章の多様性が低いことを意味する。ただし，上記の計算方法では，文章が長くなるに従ってTTR値が低く計算されてしまう傾向がある。そこで本章でも，Carroll（1967）の方法のようにTokensを2倍したものの平方根をとって，この影響を緩和している。また，分子の異なり語には一般名詞のみを用いているのに対し，分母はすべての品詞を含んだ文字どおりの総単語数としている。

(2) 実証モデル

本章では，研究開発に関するテキスト情報が，すでに公表されている研究開発費の金額情報を所与としても，将来業績の予想にとって有用な情報となっているのかについて検証を行う。具体的には，Nissim and Penman（2001）やSoliman（2008）で用いられている将来業績予測モデルに，研究開発活動についてのテキスト情報を加えて，将来財務パフォーマンスとの関係を検証する。

分析に用いるパフォーマンスは，将来ROAの水準と変化分であり，期間は研究開発活動の成果発現のタイミングを考慮し5年先までとした。

まず，仮説1の検証に用いるのは次の実証モデルである。

$$ROA_{i,t+k} = \alpha_0 + \alpha_1 rank(RDtxt)_{i,t} + \alpha_2 RD_{i,t} + \alpha_3 PM_{i,t} + \alpha_4 ATO_{i,t}$$
$$+ \alpha_5 \Delta PM_{i,t} + \alpha_6 \Delta ATO_{i,t} + \varepsilon_t$$

ここで$ROA_{i,t+k}$は，i社の$t+k$年度のROAを示している。kは1から5が設定されている。$rank(RDtxt)_{i,t}$は，i社のt年度の有価証券報告書の「研究開発活動の状況」の総単語数（$Tokens$）または異なり語数の割合（TTR）をもとに年度×業種ごとに5分位を作成し，最も低いグループ（0）から高いグループ（1）までを特定し，等間隔で各グループに数値を割り当てた。$RD_{i,t}$は，i社のt年度の研究開発費/売上高を表している。

$PM_{i,t}$はi社のt年度の事業利益を売上高で割ったもの，$ATO_{i,t}$はi社のt年度の売上高を総資産で割ったものを表している。また，$\Delta PM_{i,t}$と$\Delta ATO_{i,t}$は前期からの変化分を表し，それぞれ$PM_{i,t}$から$PM_{i,t-1}$を引いたもの，$ATO_{i,t}$から$ATO_{i,t-1}$を引いたものである。

PMはコスト管理の能力，ΔPMは売上高成長率に対する利益成長率の変化，ATOは売上を得るための資産利用の効率性，ΔATOは企業の生産性の変化を測定している。これらは企業経営のさまざまな側面を捉えており（Nissim and Penman, 2001; Soliman, 2008），その他の指標を用いた場合に比べて高い説明力をもっていることが先行研究でも明らかになっている（Fairfield and Yohn, 2001; Penman and Zhang, 2004）。

もし研究開発活動を表すテキスト情報が，将来ROAを予測する能力をもつのであれば，研究開発のテキスト情報である$rank(RDtxt)$の係数は有意に正の値となるはずである。

次に仮説2の検証に用いられるのは，以下の実証モデルである。

$$\Delta ROA_{i,t+k} = \beta_0 + \beta_1 rank(\Delta RDtxt)_{i,t} + \beta_2 \Delta RD_{i,t} + \beta_3 PM_{i,t} + \beta_4 ATO_{i,t}$$
$$+ \beta_5 \Delta PM_{i,t} + \beta_6 \Delta ATO_{i,t} + \varepsilon_t$$

 ここで$\Delta ROA_{i,t+k}$は，i社の$t+k$年度のROAからt年度のROAを引いたものである。kは1から5が設定されている。$rank(\Delta RDtxt)_{i,t}$は，「研究開発活動の状況」の総単語数の変化率（$\Delta Tokens$）または異なり語数の割合の変化率（ΔTTR）をもとに年度×業種ごとに5分位を作成し，最も低いグループ（0）から高いグループ（1）まで，各分位に等間隔で数値を割り当てたものである。また$\Delta RD_{i,t}$は，i社のt年度の研究開発費/売上高から$t-1$年度の研究開発費/売上高を引いたものである。$PM_{i,t}$，$ATO_{i,t}$，$\Delta PM_{i,t}$，$\Delta ATO_{i,t}$の各変数は仮説1の検証に用いるモデルにおける定義と同様である。

 なお，$rank(RDtxt)$と$rank(\Delta RDtxt)$を除く各変数は，マクロ経済や産業要因による影響を緩和するために，当該年度の業種平均値を差し引くことによって調整している[2]。まず水準の変数（たとえば$ROA_{i,t+k}$）を調整したうえで，調整後の値を用いて変化分の変数（たとえば$\Delta ROA_{i,t+k}$）を計算している。

第4節 サンプルと基本統計量

 分析の対象となったのは，有価証券報告書の「研究開発の状況」の箇所のデータが利用可能であった2004年度から2010年度に東証一部に上場している3月決算企業である。
 分析に用いるテキスト情報は，プロネクサス社の提供する企業情報データベースサービスeolから取得した。eolでは，古いものでは1960年代の有価証券報告書から入手することができるが，分析に使用するためには文字情報がテキスト形式となっている必要があり，2003年度から2015年度までが入手可能であった。ただし，前年度からの変化分および将来予測の期間を5年間とっているため，最終的なサンプル期間は前述のとおりとなっている。

またサンプルからは，金融業（銀行・証券・保険）に属する企業は除いている。加えて，研究開発投資がゼロの企業についても除いている。回帰分析に必要なROAおよび売上高純利益率，回転率などの財務比率については日経NEEDS Financial QUESTより入手して使用している。これらの要件を満たすサンプル数は，8,801企業×年となった。

検証に用いる各変数の調整前の基本統計量は**図表11－1**のとおりである。

図表11－1 基本統計量（$N=8,801$）

	平均	標準偏差	最小値	中央値	最大値
ROA_{t+1}	0.050	0.048	−0.112	0.045	0.225
ΔROA_{t+1}	−0.002	0.035	−0.164	0.000	0.151
ΔROA_{t+2}	−0.005	0.047	−0.214	−0.002	0.165
ΔROA_{t+3}	−0.006	0.049	−0.239	−0.003	0.161
ΔROA_{t+4}	−0.008	0.051	−0.231	−0.005	0.162
ΔROA_{t+5}	−0.005	0.053	−0.249	−0.003	0.184
$Tokens_t$	643	518	3	520	5,189
TTR_t	3.591	1.114	0.784	3.523	6.672
RD_t	0.025	0.054	0.000	0.013	2.330
$\Delta Tokens_t$	0.125	2.181	−0.999	0.006	146.000
ΔTTR_t	0.017	0.201	−1.000	0.000	6.046
ΔRD_t	0.000	0.024	−1.291	0.000	0.811
PM_t	0.054	0.062	−0.228	0.046	0.306
ATO_t	1.006	0.408	0.000	0.945	2.526
ΔPM_t	−0.001	0.041	−0.223	0.001	0.259
ΔATO_t	0.004	0.135	−0.667	0.006	0.711

図表11−2 相関係数 (N=8,801)

	ROA_{t+1}	ROA_{t+2}	ROA_{t+3}	ROA_{t+4}	ROA_{t+5}	ΔROA_{t+1}	ΔROA_{t+2}	ΔROA_{t+3}	ΔROA_{t+4}	ΔROA_{t+5}	$rank(Tokens)_t$	$rank(TTR)_t$	RD_t	$rank(\Delta Tokens)_t$	$rank(\Delta TTR)_t$	ΔRD_t	PM_t	ATO_t	ΔPM_t	ΔATO_t
ROA_{t+1}	–																			
ROA_{t+2}	0.75	–																		
ROA_{t+3}	0.55	0.73	–																	
ROA_{t+4}	0.46	0.52	0.70	–																
ROA_{t+5}	0.40	0.45	0.54	0.70	–															
ΔROA_{t+1}	0.32	0.22	0.09	0.05	0.04	–														
ΔROA_{t+2}	-0.04	0.41	0.24	0.10	0.07	0.65	–													
ΔROA_{t+3}	-0.24	0.09	0.46	0.24	0.13	0.46	0.72	–												
ΔROA_{t+4}	-0.33	-0.10	0.15	0.48	0.27	0.40	0.56	0.75	–											
ΔROA_{t+5}	-0.37	-0.17	0.00	0.21	0.50	0.38	0.52	0.63	0.78	–										
$rank(Tokens)_t$	0.05	0.05	0.05	0.05	0.06	-0.00	-0.01	-0.01	-0.01	0.00	–									
$rank(TTR)_t$	0.03	0.03	0.04	0.06	0.06	0.00	0.00	0.01	0.02	0.03	0.87	–								
RD_t	-0.10	-0.08	-0.10	-0.10	-0.09	0.00	0.02	0.00	0.00	0.02	0.14	0.11	–							
$rank(\Delta Tokens)_t$	-0.00	-0.00	-0.01	-0.01	-0.01	-0.02	-0.02	-0.02	-0.02	-0.02	0.16	0.14	-0.01	–						
$rank(\Delta TTR)_t$	-0.01	-0.00	0.00	0.00	0.01	-0.00	0.01	0.01	0.01	0.02	0.10	0.17	-0.01	0.54	–					
ΔRD_t	0.00	0.02	0.04	0.02	0.04	-0.01	0.01	0.03	0.03	0.03	0.03	0.02	0.05	0.02	0.02	–				
PM_t	0.58	0.47	0.40	0.34	0.30	-0.23	-0.32	-0.37	-0.40	-0.43	0.05	0.03	-0.39	0.01	-0.00	0.06	–			
ATO_t	0.14	0.12	0.11	0.11	0.10	-0.06	-0.08	-0.08	-0.08	-0.09	0.02	0.05	-0.14	0.01	-0.01	0.01	-0.00	–		
ΔPM_t	0.16	0.08	0.04	0.04	0.03	-0.12	-0.18	-0.20	-0.19	-0.20	-0.01	-0.00	-0.06	-0.01	-0.01	-0.51	0.26	0.07	–	
ΔATO_t	0.05	0.01	0.00	0.02	-0.00	-0.05	-0.08	-0.08	-0.06	-0.08	0.01	0.01	-0.02	-0.00	0.01	-0.07	0.04	0.23	0.23	–

また，検証に用いた各変数の相関係数を示したものが図表11－2である。将来ROAの水準（ROA_{t+1}からROA_{t+5}）とテキスト情報を表す変数（$rank(Tokens)_t$，$rank(TTR)_t$）は正の相関をもつのに対して，研究開発集約度（RD）は負の相関を有している。一方，将来ROAの基準年からの変化（ΔROA_{t+1}からΔROA_{t+5}）とTTRと研究開発集約度の対前年度変化はおおよそ正の相関を有しているが，総単語数の対前年度変化は負の相関となっている。相関係数の分析からは，異なり語数を表すTTRが，将来ROAの動向を最も適切に捕捉しているといえる。

回帰分析に使用する変数のうち，RD_tとPM_tが－0.39，ΔRD_tとΔPM_tが－0.51と比較的強い相関を有している。PM_tおよびΔPM_tを除いた場合でも，回帰結果は以下で報告するものと同様であった。

第5節 分析結果

(1) 仮説1の分析結果

第1の仮説は，研究開発についてのテキスト情報が高い情報内容をもつとき，将来業績は高くなるというものであった。実証モデルを最小二乗法によって推定した結果が図表11－3である。ここでは，テキストの情報内容の代理変数として総単語数とTTRの2つを検討する。

図表11－3のパネルAは，総単語数をテキスト内容の代理変数とした場合の回帰結果である。総単語数は，4期先において10％水準および5期先において5％水準で有意なプラスの係数となっている。また研究開発集約度（＝研究開発費/売上高）は，将来ROAについて$t+3$期まですべて5％水準で有意にプラスの係数となっている。このことは，研究開発集約度が3年先までの将来ROAの水準を主に説明しており，総単語数は4期先，5期先のROAの水準を追加的に説明していることがわかった。

パネルBは異なり語数であるTTRをテキスト内容の変数とした場合の回帰結

図表11－3 回帰結果（将来ROA）（N＝8,801）

パネルA

	ROA_{t+1}		ROA_{t+2}		ROA_{t+3}		ROA_{t+4}		ROA_{t+5}	
	係数	t値	係数	t値	係数	t値	係数	t値	係数	t値
切片	−0.004	−1.98	−0.003	−1.85	−0.003	−1.68	−0.004	−1.90	−0.005	−2.58
$rank(Tokens)_t$	0.000	0.19	0.002	0.64	0.003	1.27	0.005	1.62	0.006	2.21
RD_t	0.165	3.27	0.128	2.77	0.069	2.04	0.042	1.69	0.039	1.40
PM_t	0.381	6.91	0.305	6.29	0.246	6.00	0.202	6.03	0.175	5.48
ATO_t	0.023	6.31	0.020	6.59	0.017	6.36	0.015	5.68	0.014	5.06
ΔPM_t	−0.004	−0.10	−0.050	−1.22	−0.063	−2.01	−0.043	−2.06	−0.044	−1.64
ΔATO_t	−0.004	−2.92	−0.008	−2.78	−0.007	−2.50	−0.002	−0.61	−0.008	−1.81
$Adj.R^2$	0.384		0.252		0.178		0.134		0.104	

パネルB

	ROA_{t+1}		ROA_{t+2}		ROA_{t+3}		ROA_{t+4}		ROA_{t+5}	
	係数	t値	係数	t値	係数	t値	係数	t値	係数	t値
切片	−0.002	−1.56	−0.003	−1.78	−0.003	−2.03	−0.004	−2.39	−0.005	−2.96
$rank(TTR)_t$	−0.001	−0.58	0.000	0.12	0.003	1.31	0.005	2.01	0.006	2.48
RD_t	0.166	3.26	0.129	2.76	0.070	2.01	0.043	1.68	0.040	1.42
PM_t	0.381	6.93	0.305	6.30	0.246	6.00	0.202	6.03	0.175	5.49
ATO_t	0.023	6.31	0.020	6.58	0.017	6.34	0.015	5.64	0.014	5.01
ΔPM_t	−0.004	−0.10	−0.050	−1.22	−0.064	−2.01	−0.043	−2.05	−0.044	−1.64
ΔATO_t	−0.004	−2.91	−0.008	−2.73	−0.007	−2.47	−0.002	−0.59	−0.008	−1.76
$Adj.R^2$	0.384		0.251		0.177		0.134		0.104	

（注）t値は，Petersen（2009）の方法で企業×年に基づきクラスター補正した標準誤差を用いて算定している。

果である。研究開発集約度が $t+3$ 期まですべて 5 ％水準で有意にプラスの値であることは先の結果と同様であるが，TTRについては 4 期先， 5 期先において 5 ％水準で有意なプラスの係数となった。TTRも研究開発集約度を所与としても，なお将来ROAを説明する追加的な力があることが示されている。

(2) 仮説2の分析結果

第 2 の仮説は，研究開発についてのテキストの情報内容が前期と比べて増加（減少）するとき，基準年 t からの将来業績の変化分は増加（減少）するというものである。

このことを確認するために，まずテキスト情報の変数のレベル別に5つのポートフォリオを作成し，その推移を検討する。続いて，実証モデルを最小二乗法によって推定した結果を示す。仮説1に続きここでも，テキスト情報の内容を表す変数として総単語数とTTRを用いて，両者の将来業績の予測能力を比較している。

① ポートフォリオの時系列の推移

総単語数をもとに，最も増加率が少ないグループ1から，最も増加率が高いグループ5までの5つのポートフォリオを作成し，当期からそれぞれの期までのROAの変化分の推移を表したものが**図表11-4**である。総単語数の増加率をもとにポートフォリオを作成した場合，ROAの増加率はおおよそ総単語数の増加率の順位とは逆のものとなっている。最も単語数増加率が少ないグループ1が，将来5期間を通してROAの増加率が最も高い状態にあり，4番目に単語増加率の高いグループ4が2期先から5期先までも最も低いパフォーマンスとなっている。グラフから確認する限り，総単語数の増加率は，将来ROAの増加率を説明することができていない。

図表11-4 基準年からの将来ROAの増減（総単語数の増加率別）

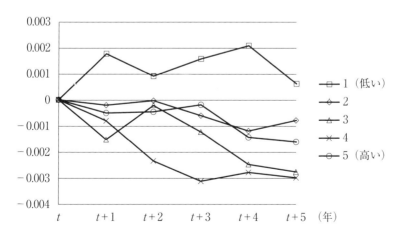

図表11-5は，文章の多様性を示すTTRについて，基準年 t からの増減をもとに5つのグループを作成した場合の，各グループの将来ROAの推移を示したものである。最も将来ROAの増加率が高いのが，4番目にTTR増加率の高かったグループである[3]。また最もTTR増加率の高かったグループ5は，2期先から5期先までROAの増加率では2位であるが，4期間を通して増加傾向にある。その他のグループが徐々に増加率を減らしていくのとは対照的である。TTRの増加率の低い，グループ1，グループ2，グループ3は5期先においてマイナスの値であり，$t+2$ 年から連続してROAが減少しており，その減少幅もグループ4に比べて大きいことが示されている。テキスト情報の増加率を基準とした場合，文章の多様性を示すTTRの変化の方が総単語数の変化よりも，将来ROAの増加率を予測することができているといえる。

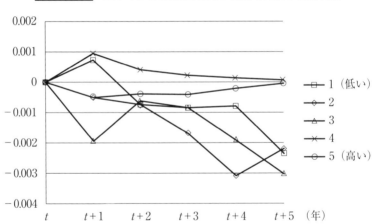

図表11-5 基準年からの将来ROAの増減（TTRの増加率別）

② 最小二乗法による推定結果

　先の単一変量の分析結果は，将来ROAに与えるその他の要因が十分にコントロールされていない可能性がある。そこで，（1）における将来ROAの水準の分析と同様，利益率や回転率およびそれらの変化分を取り入れた回帰モデルを用いた分析を行う。最小二乗法によって，回帰モデルの係数を推定した結果

が図表11－6である。パネルAが総単語数の増加率，パネルBがTTRの増加率にもとづく結果を示している。

パネルAからは，総単語数の増加率は将来ROAの増加率に対してマイナスの値をとっており，うち係数が5％水準で有意なのは，1期先，4期先，5期先である。

パネルBからは，TTRの増加率が2期先から将来ROAの増加率に対してプラスの値となっているが，統計的に有意となっている期はない。もし研究開発投資が無形資産を創造し，テキスト情報が企業の保有する，研究開発活動からの無形資産の価値を捉えているならば，テキスト情報の増加分は将来利益に結

図表11－6　回帰結果（基準年からのROAの増加率）（$N=8,801$）

パネルA

	ΔROA_{t+1} 係数	t値	ΔROA_{t+2} 係数	t値	ΔROA_{t+3} 係数	t値	ΔROA_{t+4} 係数	t値	ΔROA_{t+5} 係数	t値
切片	0.002	1.95	0.001	2.02	0.002	1.88	0.002	2.49	0.002	1.72
$rank(\Delta Tokens)_t$	－0.002	－2.12	－0.002	－1.74	－0.003	－1.98	－0.004	－3.58	－0.003	－2.41
RD_t	－0.066	－0.82	－0.132	－1.42	－0.049	－1.24	－0.212	－2.33	－0.147	－2.70
PM_t	－0.165	－5.67	－0.264	－7.91	－0.336	－11.45	－0.397	－15.01	－0.431	－18.88
ATO_t	－0.007	－5.00	－0.011	－5.77	－0.014	－6.11	－0.016	－5.45	－0.017	－6.24
ΔPM_t	－0.017	－1.34	－0.113	－4.07	－0.092	－6.49	－0.095	－10.86	－0.109	－6.63
ΔATO_t	－0.001	－0.18	－0.007	－1.54	－0.007	－1.68	0.001	0.14	－0.008	－1.01
$Adj.R^2$	0.099		0.177		0.039		0.272		0.306	

パネルB

	ΔROA_{t+1} 係数	t値	ΔROA_{t+2} 係数	t値	ΔROA_{t+3} 係数	t値	ΔROA_{t+4} 係数	t値	ΔROA_{t+5} 係数	t値
切片	0.000	0.62	0.000	0.11	0.000	0.33	0.000	－0.35	－0.001	－0.87
$rank(\Delta TTR)_t$	－0.001	－0.66	0.000	0.43	0.000	0.03	0.000	0.16	0.001	0.71
RD_t	－0.069	－0.85	－0.135	－1.43	－0.054	－1.28	－0.218	－2.39	－0.154	－2.82
PM_t	－0.165	－5.66	－0.264	－7.90	－0.336	－11.45	－0.397	－14.96	－0.431	－18.87
ATO_t	－0.007	－5.02	－0.011	－5.80	－0.014	－6.15	－0.016	－5.50	－0.017	－6.29
ΔPM_t	－0.018	－1.36	－0.113	－4.08	－0.092	－6.41	－0.095	－10.66	－0.109	－6.63
ΔATO_t	－0.001	－0.18	－0.007	－1.53	－0.007	－1.66	0.001	0.15	－0.008	－1.00
$Adj.R^2$	0.099		0.177		0.224		0.272		0.305	

（注）t値は，Petersen（2009）の方法で企業×年に基づきクラスター補正した標準誤差を用いて算定している。

びつくと考えられるが，このことを支持する明確な証拠は得られなかった。

また，研究開発集約度の係数は一貫してマイナスであり，4期先，5期先において5％水準で有意であった。

総単語数および研究開発費の額から計算される指標の増加（減少）が，将来ROAの減少（増加）に結びつくという推定結果からは，両指標による無形資産の価値の見積もりが難しいことがわかる。

第6節　要　　約

研究開発活動に関する情報は，将来利益予想に欠かすことができない。有価証券報告書には，研究開発費の金額に加えて文章によって説明された研究開発活動の様子が記載されているが，後者の情報をどのように意思決定に役立てていくことができるのかはこれまで十分に明らかにされてこなかった。本章では，有価証券報告書のテキスト情報である「研究開発の状況」に着目し，ここから研究開発費の金額情報を補うテキスト情報（R&Dテキスト情報）を抽出できないかを検討した。具体的には，「研究開発の状況」に出現した総単語数および異なった単語が使われている割合（TTR）を測定し，将来ROAを説明しているのかを考察した。

検証の結果，研究開発費情報を所与として，総単語数が多ければ，将来ROAの水準も高くなることが示された。また前期と比べた総単語数の増加が将来ROAの減少に結びつくことが分かった。一方，TTRについてはその水準が高ければ将来ROAの水準が高くなることが示されたが，前期と比べた変化と将来ROAの変化の間には明確な関係を見出すことはできなかった。第10章では，記載の項目数を手掛かりに，総単語数とTTRのどちらが情報内容の多寡を表しているのかを検討し，TTRの方が優れている可能性が高いことを指摘した。研究開発投資が将来業績に結びつくことを示した多くの先行研究の結果を前提とするとき，企業内に蓄積された無形資産をテキスト情報が正しく捉

えていれば，テキスト情報と将来業績はプラスの関係を有するはずである。総単語数はマイナスの関係を有していることから，少なくとも総単語数そのままでは企業が保有する無形資産の価値を適切に表している可能性は低いと考えられる。

　ただし，本章で行ったテキスト分析は非常に単純なものであり，より正確に研究開発の様子を捕捉するためには，たとえば先行研究でも行われているように，検証目的に合致した単語を選択し，文章に占める割合を測るといった改良も考えられる。会計研究におけるテキスト分析の手法に関して，特に日本語の文章を対象とした研究の蓄積は十分ではない。そのため，まず実際の文章をもとに，総単語数や異なり語数など文章特性を表すさまざまな指標が企業行動のどのような特徴を表しているのかについて多くのサンプルを用いて検討していくことが必要となる。

　証券投資の意思決定に，定量・定性情報を取り扱うアルゴリズムが組み込まれ，その普及は急速に進んでいる。本章では，テキストから得られる文章特性に関する定量情報が，将来ROAを予測するうえでどれほど有用なのかを検討しているが，これらの情報が証券市場にどのように織り込まれていくのかの検討は今後の課題としたい。

● 注
1　第10章と同じくRのバージョンは3.2.3（2015-12-10），RMeCabのバージョンは0.99993 for R-3.2.3を用いている。RMeCabで文章を形態素に分割するために用いる辞書は，メインとなるシステム辞書にnaist-jdic for mecab（naist-jdic-0.6.3b-20111013）を選択し，ユーザー辞書にはwikipediaの項目とはてな日記のword list with huriganaを追加している。
2　変数について，調整を行わなかったもの，年度の平均値で調整を行ったものについても検証を行ったが，結果の主たる傾向は変わらなかった。
3　$t+5$期において最もROAの増加率の高いグループ4と増加率の低いグループ1，2，3との差の検定（t検定）をそれぞれ行ったところ，5％水準で有意であった。

$t+4$期においてはグループ４とグループ１の差が10％水準で，それ以外の組み合わせの差が５％水準で有意であった。

第12章 結論と今後の課題

第1節 発見事項の要約

　企業の研究開発活動は，企業業績を予測するうえで重要であるにもかかわらず，将来の成果との結びつきが不確実ゆえに，これまでどのように取り扱うべきか多くの議論がなされてきた。日本の会計基準においては，投資額を発生時の費用処理とすることで統一されている。本書では，まずこのような状況のもと，投資家が研究開発集約的な企業に対して，どのように企業価値を見積もり，意思決定に反映させているのかを検討した。各章での分析結果は以下のとおりである。

　第2章では，議論の前提となる，研究開発投資の状況を確認した。世界的にみて研究開発投資の額は拡大しており，そのなかで日本は相対的に多額の研究開発投資を行っている。また日本全体の研究開発投資の額の約7割が企業によるものであり，企業価値を見積もるうえで投資額はますます重要な要因となっていくことが示唆されている。

　しかし研究開発投資の経済的性質を考慮するとき，将来収益の獲得は不確実性が高く，その測定は非常に難しいものとなる。これが米国，日本の会計基準が，研究開発費の発生時の費用処理を要求する主たる根拠となっている。そし

て，研究開発投資の会計処理と経済的実態とのギャップに問題意識をもった研究がこれまで数多くなされ，今日に至っている．

つづく第3章では，研究開発集約企業の財務的な特徴について，安全性と収益性の観点からその特徴を明らかにしている．研究開発投資は企業にとって大きな額であり，またその成果を期待するのであればこれを継続的に行い続ける必要がある．そのため，企業は高い債務の返済能力を有している必要がある．また，収益性についても，研究開発投資を積極的に行っている企業の方が，そうでない企業に比べて高い収益性を有すると考えられる．関連する財務指標を比較した結果，これらと整合する結果が確認された．

第4章では，投資家が将来利益予想に研究開発費情報を織り込んでいるのかを検討した．2000年前後に行われた会計基準変更に着目し，株式リターンに含まれる投資家の将来利益予想の様子を観察した結果，近年，将来利益予想がますます困難になるなかで，研究開発費の情報は投資家によって株価に織り込まれていることが示された．

第5章では，研究開発集約的な企業を予測するときほど，証券アナリストは私的情報をより多く用いる傾向があるかを検討した．これは財務諸表において研究開発活動についての情報が十分に公開されていないことを前提とするとき，証券アナリストが将来利益の予想にあたって私的情報をより多く用いていると考えられるためである．アナリストのもつ私的情報の割合を定量化した分析からは，前述の仮説を支持する証拠を得ている．

第6章では，投資家の情報収集・分析能力の違いから，研究開発集約的な企業について株式取引を行うとき，結果として情報強者と弱者が生まれていること，すなわち情報格差が存在していることが示された．

第4章から第6章を通して，以下のような投資家行動が浮かび上がる．すなわち，投資家は研究開発集約的な企業を評価するとき，研究開発活動が将来業績に影響を与えるため，当該活動を分析に含める必要があると考えながら，分析に必要となる情報が不足していることを認識し，私的な情報を収集し分析する傾向がある．

第12章　結論と今後の課題

　第7章では，情報格差の存在を受けて企業が行うディスクロージャー活動によって，将来利益予想が行いやすくなっているのかを検討した。株式リターンに含まれる投資家の将来利益予想の期待値の分析からは，研究開発集約的な企業を予想するときには，企業の自発的なディスクロージャーが有用となっており，情報格差の緩和に一定の効果を挙げていることが示された。
　現在の会計基準のもと，投資家は研究開発費の情報を参考に，各自調整を加えて利益予想を行う。また，経営者も経営活動を円滑に行うために情報開示を拡大し，投資家の要求に応えようとしている。ただし現在開示されている情報はまだ十分に活用されてはおらず，意思決定にあたっては如何に研究開発活動の質を予想するかが重要となる。第8章から第11章は，現在，公表されている情報からどのように研究開発活動の質を測定することができるのかを検討している。
　第8章では，損失回避の有無と裁量的な研究開発費の削減を行ったか否かに基づいて，機会主義的な裁量行動を行った可能性が高いサンプルと低いサンプルを特定し，両者を比較した。検証の結果，後者は前者に比べて高い事後パフォーマンス（ROA，資本的支出＋研究開発支出，株価純資産倍率）となっていることがわかった。これは，現在公表されている情報を用いることによって，研究開発活動の質の推定が可能であることを示している。
　第9章では，近年広がりを見せるアルゴリズムを活用した取引を，その一手法である高頻度取引を中心に概観した。アルゴリズム取引は市場に与える影響の大きさからさまざまな指摘を受けているが，アルゴリズムそのものの活用の拡大によって，今後定性情報の取り扱いがますます重要となることを指摘している。
　第10章では，企業の研究開発活動について記した有価証券報告書のテキスト情報を手掛かりに，総単語数，異なり語数の割合であるTTRといった指標のいずれが研究開発活動によって創造される無形資産の価値を表しているのかを考察した。3社の13年分の記載内容をもとに検討した結果，TTRが無形資産の価値をより適切に捕捉している可能性が高いことが示された。

第11章では，研究開発についてのテキスト情報が，将来ROAの予測に際して有用性を有しているかを検証した。検証結果によると，テキスト情報（総単語数，TTR）は公表されている研究開発費情報を所与としても，将来ROAの水準について追加的な説明力があることがわかった。

　第8章と第11章で注目している情報は，前者が財務数値，後者はテキスト情報と異なるが，これらは公表されている情報であるため，示された分析手続きに従えば，企業が取り組んでいる研究開発活動による無形資産価値の評価に役立てることができる。また第9章から第11章における分析は，現状利用可能な情報からどのように研究開発の状態を見極める情報が得られるのかという視点とともに，今後の投資家の意思決定プロセスにどのような情報が組み込まれていくのかを検討するという視点も有している。

　現在の研究開発費情報を前提として，入手コストが比較的低く，追加的な内容を含む情報，たとえば本書で検討したようなテキスト分析による定量情報を活用することによって，資源配分の効率性を高める余地があるというのが本書の結論である。

第2節　今後の研究課題

　本書の前半部分（第2章から第7章）までの分析を通じて，投資家が現在の情報環境のもと，さまざまな手段を使って情報を収集・分析し意思決定を行っていることが示された。また企業の側もこれに呼応するように情報公開を行っている。ただし本書で取り上げたものは，研究開発集約企業についての投資家および企業行動の一部であり，多くの側面からのさらなる検討が必要である。

　また，環境の変化に応じて投資家行動は刻々と変化していることも見逃すことができない。第9章でも指摘したように，近年，証券取引を行う主体が人間からアルゴリズムへと移行しつつある。これまで人間が投資意思決定および売買を行っていたが，これからは人間の投資意思決定のプロセスをプログラムに

変換し，それを発展させたアルゴリズムが担うことになる。

　本書の後半部分，とくにテキスト文章の情報内容の分析を扱った第10章と将来業績予想での役立ちを分析した第11章は，アルゴリズムを活用した取引にどのように研究開発情報を取り込むかを検討したものでもある。本書で用いたテキスト分析の手法は非常に初歩的なものであり，近年は，コンピューターの処理速度の大幅な向上や人工知能に代表されるような技術の進歩によって，驚くべきスピードで以前まではできなかったような処理ができるようになっている。

　現在の会計，証券市場の制度やディスクロージャーのあり方は，投資家が人間であることを前提として設計されており，本書で検証した投資家行動が今後もそのまま当てはまるとは限らない。新たな環境のもと，資源の適正な配分が行われているのかを考察するためには，情報通信技術が投資意思決定プロセスの変容に与える影響に注目したうえで，投資家の行動をつぶさに観察していく必要がある。アルゴリズム取引が主体となった市場では，今後どのような投資家の行動がみられるのか興味がつきない。

引用・参考文献

Aboody, D., and B. Lev. 1998. The value relevance of intangibles: The case of software capitalization. *Journal of Accounting Research* 36 : 161-191.

Aboody, D., and B. Lev. 2000. Information asymmetry, R&D, and insider gains. *The Journal of Finance* 55 (6): 2747-2766.

Akerlof, G. A. 1970. The market for "Lemons": Quality uncertainty and the market mechanism. *The Quarterly Journal of Economics* 84 (3): 488-500.

Ali, A., M. Ciftci, and W. M. Cready. 2012. Market underestimation of the implications of R&D increases for future earnings: The US evidence. *Journal of Business Finance and Accounting* 39 (3-4): 289-314.

Amir, E., Y. Guan, and G. Livne. 2007. The association of R&D and capital expenditures with subsequent earnings variability. *Journal of Business Finance and Accounting* 34 (1-2): 222-246.

Amir, E., B. Lev, and T. Sougiannis. 2003. Do financial analysts get intangibles? *European Accounting Review* 12 (4): 635-659.

Bange, M. M., and W. F. M. De Bondt. 1998. R&D budgets and corporate earnings targets. *Journal of Corporate Finance* 4 (2): 153-184.

Barney, J. B. 1991. Firm resources and sustained competitive advantage. *Journal of Management* 17 (1): 99-120.

Barron, O. E., D. Byard, C. Kile, and E. J. Riedl. 2002. High-technology intangibles and analysts' forecasts. *Journal of Accounting Research* 40 (2): 289-312.

Barron, O. E., O. Kim, S. C. Lim, and D. E. Stevens. 1998. Using analysts' forecasts to measure properties of analysts' information environment. *The Accounting Review* 73 (4): 421-433.

Barth, M. E., R. Kasznik, and M. F. McNichols. 2001. Analyst Coverage and Intangible Assets. *Journal of Accounting Research* 39 (1): 1-34.

Bhojraj, S., P. Hribar, M. Picconi, and J. McInnis. 2009. Making sense of cents: An examination of firms that marginally miss or beat analyst forecasts. *The*

Journal of Finance 64 (5): 2361-2388.

Bird, S., E. Klein, and E. Loper. 2009. *Natural Language Processing with Python*, Oreilly & Associates Inc（萩原正人・中山敬広・水野貴明訳. 2010.『入門自然言語処理』オライリージャパン）.

Blair, M. M., and S. M. H. Wallman. 2001. *Unseen Wealth*. Washington, D. C.: Brookings Institution Press.

Boer, F. P. 1999. *The Valuation of Technology: Business and Financial Issues in R&D*. Hoboken, NJ: John Wily & Sons, Inc.（宮正義監訳. 1999.『技術価値評価』日本経済新聞社）.

Boone, J. P., and K. K. Raman. 2001. Off-balance sheet R&D assets and market liquidity. *Journal of Accounting and Public Policy* 20 (2): 97-128.

Botosan, C. A., and M. A. Plumlee. 2002. A re-examination of disclosure level and the expected cost of equity capital. *Journal of Accounting Research* 40 (1): 21-40.

Brown, J. L., and L. K. Krull. 2008. Stock options, R&D, and the R&D tax credit. *The Accounting Review* 83 (3): 705-734.

Brown, N. C., and M. D. Kimbrough. 2011. Intangible investment and the importance of firm-specific factors in the determination of earnings. *Review of Accounting Studies* 16 (3): 539-573.

Burgstahler, D., and I. Dichev. 1997. Earnings management to avoid earnings decreases and losses. *Journal of Accounting and Economics* 24 (1): 99-126.

Carroll, J. B. 1967. On sampling from a lognormal model of word-frequency distribution. In H. Kucera and W. N. Francis Eds. *Computational analysis of present-day American English*. Providence, RI: Brown University: 406-424.

Chambers, D., R. Jennings, and R. B. Thompson II. 2002. Excess returns to R&D-intensive firms. *Review of Accounting Studies* 7 (2-3): 133-158.

Chan, L. K. C., J. Lakonishok, and T. Sougiannis. 2001. The stock market valuation of research and development expenditures. *The Journal of Finance* 56 (6): 2431-2456.

Ciftci, M., and W. M. Cready. 2011. Scale effects of R&D as reflected in earnings and returns. *Journal of Accounting and Economics* 52 (1): 62-80.

Ciftci, M., B. Lev, and S. Radhakrishnan. 2011. Is research and development mispriced or properly risk adjusted? *Journal of Accounting, Auditing & Finance* 26 (1): 81-116.

Collins, D., S. P. Kothari, J. Shanken, and R. G. Sloan. 1994. Lack of timeliness and noise as explanations for the low contemporaneuos return-earnings association. *Journal of Accounting and Economics* 18 (3): 289-324.

Darrough, M., and S. Rangan. 2005. Do insiders manipulate earnings when they sell their shares in an initial public offering? *Journal of Accounting Research* 43 (1): 1-33.

Dechow, P., W. Ge, and C. Schrand. 2010. Understanding earnings quality: A review of the proxies, their determinants and their consequences. *Journal of Accounting and Economics* 50 (2-3): 344-401.

Easley, D., and M. O'Hara. 2004. Information and the cost of capital. *The Journal of Finance* 59 (4): 1553-1583.

Eberhart, A. C., W. F. Maxwell, and A. R. Siddique. 2004. An examination of long - term abnormal stock returns and operating performance following R&D increases. *The Journal of Finance* 59 (2): 623-650.

European Union (EU). 2014. Directive *2014/65/EU of the European Parliament and of the Council of 15 may 2014 on markets in financial instruments and amending Directive 2002/92/EC and Directive 2011/61/EU Regulation (EU) No 600/2014 of the European Parliament and of the Council of 15 may 2014 on markets in financial instruments and amending regulation (EU) No 648/2012.* Brussels: EU.

Fairfield, P. M., S. Ramnath, and T. L. Yohn. 2009. Do industry-level analyses improve forecasts of financial performance? *Journal of Accounting Research* 47 (1): 147-178.

Fairfield, P. M., and T. Yohn. 2001. Using asset turnover and profit margin to forecast changes in profitability. *Review of Accounting Studies* 6 (4): 371-385.

Fama, F., and R. French. 1993. Common risk factors in the returns on stocks and bonds. *Journal of Financial Economics* 33 (1): 3-56.

FASB. 1974. *Accounting for Research and Development Costs*. Statement of Financial Accounting Standards No. 2.

FASB. 1976. *Discussion Memorandum: An Analysis of Issues Related to Conceptual Framework for Financial Accounting and Reporting: Elements of Financial Statements and Their Measurement*. Norwalk, CT: FASB (津守常弘監訳. 1997.『FASB財務会計の概念フレームワーク』中央経済社).

FASB. 1980. *Statement of Financial Accounting Concepts No.2: Qualitative Characteristics of Accounting Information*. Norwalk, CT: FASB (平松一夫・広瀬義州訳. 2002.『FASB財務会計の諸概念(増補版)』中央経済社).

Francis, J., R. LaFond, P. M. Olsson, and K. Schipper. 2004. Costs of equity and earnings attributes. *The Accounting Review* 79 (4): 967-1010.

Fu, R., A. Kraft, and H. Zhang. 2012. Financial reporting frequency, information asymmetry, and the cost of equity. *Journal of Accounting and Economics* 54 (2-3): 132-149.

Gelb, D. S., and P. Zarowin. 2002. Corporate disclosure policy and the informativeness of stock prices. *Review of Accounting Studies* 7 (1): 33-52.

Glosten, L. R., and P. R. Milgrom. 1985. Bid, ask and transaction prices in a specialist market with heterogeneously informed traders. *Journal of Financial Economics* 14 (1): 71-100.

Gong, G., L. Y. Li, and L. Zhou. 2013. Earnings non-synchronicity and voluntary disclosure. *Contemporary Accounting Research* 30 (4): 1560-1589.

Grabowski, H. G., and D. C. Mueller. 1978. Industrial research and development, intangible capital stocks, and firm profit rates. *The Bell Journal of Economics* 9 (2): 328-343.

Graham, J., C. Harvey, and S. Rajgopal. 2005. The economic implications of corporate financial reporting. *Journal of Accounting and Economics* 40 (1-3): 3-73.

Gregory, A., and M. Michou. 2009. Industry cost of capital: UK evidence. *Journal of Business Finance & Accounting* 36 (5): 679-704.

Griliches, Z. 1986. Productivity, R and D, and basic research at the firm level in the 1970's. *The American Economic Review* 76 (1): 141-154.

Gu, F. 2005. Innovation, future earnings, and market efficiency. *Journal of Accounting, Auditing & Finance* 20 (4): 385-418.

Gunny, K. A. 2010. The relation between earnings management using real activities manipulation and future performance: Evidence from meeting earnings benchmarks. *Contemporary Accounting Research* 27 (3): 855-888.

Healy, P. M., and K. G. Palepu. 2001. Information asymmetry, corporate disclosure, and the capital markets: A review of the empirical disclosure literature. *Journal of Accounting and Economics* 31 (1-3): 405-440.

Hirschey, M., and J. J. Weygandt. 1985. Amortization policy for advertising and research and development expenditures. *Journal of Accounting Research* 23 (1): 326-335.

Holthausen, R. 1990. Accounting method choice: Opportunistic behavior, efficient contracting, and information perspectives. *Journal of Accounting and Economics* 12 (1-3): 207-218.

Jones, D. 2007. Voluntary Disclosure in R&D‐Intensive Industries. *Contemporary Accounting Research* 24 (2): 489-522.

Kadan, O., L. Madureira, R. Wang, and T. Zach. 2012. Analysts' industry expertise. *Journal of Accounting and Economics* 54 (2-3): 95-120.

Kothari, S. P., T. E. Laguerre, and A. J. Leone. 2002. Capitalization versus expensing: Evidence on the uncertainty of future earnings from capital expenditures versus R&D outlays. *Review of Accounting Studies* 7 (4): 355-382.

Lang, M., and R. Lundholm. 1993. Cross-sectional determinants of analyst ratings of corporate disclosures. *Journal of Accounting Research* 31 (2): 246-271.

Loughran, T., and B. Mcdonald. 2016. Textual analysis in accounting and finance : A survey. *Journal of Accounting Research* 54 (4): 1187-1230.

Lee, C. M. C., B. Mucklow, and M. J. Ready. 1993. Spreads, depths, and the impact of earnings information: An intraday analysis. *The Review of Financial Studies* 6 (2): 345-374.

Lev, B., 2001. *Intangibles*. Washington, D. C.: Brookings Institution Press (広瀬義州・桜井久勝監訳. 2002.『ブランドの経営と会計』東洋経済新報社).

Lev, B. 2008. A rejoinder to Douglas Skinner's 'Accounting for intangibles – a critical review of policy recommendations.' *Accounting and Business Research* 38 (3): 209-213.

Lev, B., and T. Sougiannis. 1996. The capitalization, amortization, and value-relevance of R&D. *Journal of Accounting and Economics* 21 (1): 107-138.

Li, M. L., and N. R. Hwang. 2011. Effects of firm size, financial leverage and R&D expenditures on firm earnings: An analysis using quantile regression approach. *Abacus* 47 (2): 182-204.

Lundholm, R., and L. A. Myers. 2002. Bringing the future forward: The effect of disclosure on the returns-earnings relation. *Journal of Accounting Research* 40 (3): 809-839.

Mande, V., R. G. File, and W. Kwak. 2000. Income smoothing and discretionary R&D expenditures of Japanese firms. *Contemporary Accounting Research* 17 (2): 263-302.

Mansfield, E. 1981. Composition of R and D Expenditures: Relationship to size of firm, concentration, and innovative output. *The Review of Economics and Statistics* 63 (4): 610-615.

McKinsey & Company, T. Koller, M. Goedhart, and D. Wessels. 2010. *Valuation: measuring and managing the value of companies (5th Edition)*. Hoboken, NJ: John Wily & Sons, Inc (本田桂子監訳. 2012.『企業価値評価 第5版(上)(下)』ダイヤモンド社).

Meritum Project. 2002. *Guidelines for Managing and Reporting on Intangibles – Intellectual Capital Report*. Madrid: Autonomous University of Madrid.

Merkley, K. J. 2014. Narrative disclosure and earnings performance: Evidence from R&D disclosures. *The Accounting Review* 89 (2): 725-757.

Mohd, E. 2005. Accounting for software development costs and information asymmetry. *The Accounting Review* 80 (4): 1211-1231.

Nagy, A. L., and T. L. Neal. 2001. An empirical examination of corporate myopic behavior: A comparison of Japanese and US companies. *The International Journal of Accounting* 36 (1): 91-113.

Nissim, D., and S. H. Penman, 2001. Ratio analysis and equity valuation: From research to practice. *Review of Accounting Studies*, 6: 109-154.

O'Hara, M. 2015. High frequency market microstructure. *Journal of Financial Economics* 116 (2): 257-270.

Osma, B. G., and S. Young. 2009. R&D expenditure and earnings targets. *European Accounting Review* 18 (1): 7-32.

Palepu, K. G., P. M. Healy, and V. L. Bernard. 2000. *Business Analysis & Valuation, 2nd ed*. International Thomson Publishing (斎藤静樹監訳. 2001.『企業分析入門（第2版）』東京大学出版会).

Pandit, S., C. E. Wasley, and T. Zach. 2011. The effect of research and development (R&D) inputs and outputs on the relation between the uncertainty of future operating performance and R&D expenditures. *Journal of Accounting, Auditing & Finance* 26 (1): 121-144.

Pardo, R. 2008. *The Evaluation and Optimization of Trading Strategies (2nd Edition)*. Hoboken, NJ: John Wily & Sons, Inc（長尾慎太郎監修・山下恵美子訳. 2010.『アルゴリズムトレーディング入門』パンローリング株式会社).

Penman, S. H., and X. J. Zhang. 2002. Accounting conservatism, the quality of earnings, and stock returns. *The Accounting Review* 77 (2): 237-264.

Penman, S. H., and X.-J. Zhang. 2004. Modeling sustainable earnings and P/E ratios using financial statement information. Unpublished paper.

Petersen, M. A. 2009. Estimating standard errors in finance panel data sets: Comparing approaches. *Review of Financial Studies* 22 (1): 435-480.

Piotroski, J. D., and D. T. Roulstone. 2004. The influence of analysts, institutional investors, and insiders on the incorporation of market, industry, and firm-specific information into stock prices. *The Accounting Review* 79 (4): 1119-1151.

Porter, M. E. 1980. *Competitive strategy*, New York: Free Press.

Rajgopal, S., and M. Venkatachalam. 2011. Financial reporting quality and idiosyncratic return volatility. *Journal of Accounting and Economics* 51 (1-2): 1-20.

Ravenscraft, D., and F. Scherer. 1982. The lag structure of returns to research and development. *Applied Economics* 14 (6): 603-620.

Roychowdhury, S. 2006. Earnings management through real activities manipulation. *Journal of Accounting and Economics* 42 (3): 335-370.

Sengupta, P. 1998. Corporate disclosure quality and the cost of debt. *The Accounting Review* 73 (4): 459-474.

Skinner, D. J. 2008. A reply to Lev's rejoinder to 'Accounting for intangibles – a critical review of policy recommendations.' *Accounting and Business Research* 38 (3): 215-216.

Soliman, M. T. 2008. The use of DuPont analysis by market participants. *Accounting Review*, 83(3): 823-853.

Thomas, J., and F. Zhang. 2008. Overreaction to Intra-industry Information Transfers? *Journal of Accounting Research* 46 (4): 909-940.

Van Buskirk, A. 2012. Disclosure frequency and information asymmetry. *Review of Quantitative Finance and Accounting* 38 (4): 411-440.

石光裕. 2010.「ディスクロージャーと投資家の利益予想」『會計』178 (1): 75-86.

石光裕. 2011.「資産負債アプローチと利益の予測可能性」『国民経済雑誌』204 (1): 89-103.

石光裕. 2014.「機会主義的な研究開発費の削減と将来業績」『産業經理』74 (3): 130-138.

石光裕. 2015.「日本企業の研究開発投資と会計基準」『京都マネジメント・レビュー』27：89-103.

石光裕. 2018.「有価証券報告書における研究開発活動の記載内容の分析」『京都マネジメント・レビュー』経営学部50周年記念号（掲載予定）.

石光裕. 音川和久. 2009.「無形資産集約的企業と投資家の評価」『會計』176 (2): 82-94.

伊藤邦雄編著. 2006.『無形資産の会計』中央経済社.

伊藤雅光. 2002.『計量言語学入門』大修館書店.

薄井彰. 2004.「利益情報と資産情報の株価関連性」須田一幸編著『会計制度改革の実証分析』同文舘出版：16-30.
奥原貴士. 2010.「研究開発投資の将来便益の不確実性に関する研究」『六甲台論集（経営学編）』57（2）：51-67.
大墳剛士. 2014.「米国市場の複雑性とHFTを巡る議論」JPXワーキング・ペーパー（特別レポート）.
岡田正大. 2013.「ポーターVSバーニー論争のその後を考える」http://www.dhbr.net/articles/-/2173（2017年5月1日閲覧）.
岡室博之. 2005.「スタートアップ期中小企業の研究開発投資の決定要因」RIETI Discussion Paper Series.
音川和久. 2000.「IR活動の資本コスト低減効果」『會計』158（4）：73-85.
音川和久. 2004.「会計基準変更とビッド・アスク・スプレッド」須田一幸編著『会計制度改革の実証分析』同文舘出版：31-41.
音川和久. 2009.『投資家行動の実証分析－マーケット・マイクロストラクチャーに基づく会計学研究』中央経済社.
音川和久. 2013.「IFRSの新概念フレームワークと会計利益の特性」『国際会計研究学会 年報』2012年度（2）：53-67.
乙政正太・音川和久. 2004.「退職給付会計基準と研究開発投資」須田一幸編著『会計制度改革の実証分析』同文舘出版：42-50.
大日方隆. 2002.「利益の概念と情報価値（2）―純利益と包括利益―」斎藤静樹編著『会計基準の基礎概念』中央経済社：375-417.
神取道宏. 2014.『ミクロ経済学の力』日本評論社.
企業会計基準委員会. 2006.「実務対応報告第19号　繰延資産の会計処理に関する当面の取扱い」.
企業会計基準委員会. 2008.「社内発生開発費のIFRSのもとにおける開示の実態調査」.
企業会計審議会. 1998.「研究開発費等に係る会計基準」.
金明哲. 2009.『テキストデータの統計科学入門』岩波書店.
金融審議会. 2016.「市場ワーキング・グループ報告～国民の安定的な資産形成に向けた取組みと市場・取引所を巡る制度整備について～」金融庁.
桑嶋健一. 2006.『不確実性のマネジメント 新薬創出のR&Dの「解」』日経BP社.

経済産業省. 2005.「知的資産経営の開示ガイドライン」.
経済産業省. 2007.「知的資産経営報告の視点と開示実証分析調査」.
経済産業省. 2014.「持続的成長への競争力とインセンティブ～企業と投資家の望ましい関係構築～プロジェクト最終報告書」.
経済産業省. 2017.「我が国の産業技術に関する研究開発活動の動向（第17版）」.
小嶋宏文. 2005.「経営者の業績予想と研究開発支出の調整による裁量行動」『會計』168（6）: 919-927.
後藤晃・古賀款久・鈴木和志. 2002.「わが国製造業における研究開発投資の決定要因」『経済研究』53（1）: 18-23.
菰田文男・那須川哲哉. 2014.『ビッグデータを活かす 技術戦略としてのテキストマイニング』中央経済社.
坂上学. 2016.『事象アプローチによる会計ディスクロージャーの拡張』中央経済社.
榊原茂樹・與三野禎倫・BoHasson「株式価値評価における知的資本の重要性―証券アナリストのパーセプション―」古賀智敏・榊原茂樹・與三野禎倫編著. 2007.『知的資産ファイナンスの探求』中央経済社: 217-243.
榊原茂樹・與三野禎倫・鄭義哲. 2006.「企業の研究開発投資と株価形成」『証券アナリストジャーナル』44（7）: 48-58.
桜井久勝・音川和久. 2013.『会計情報のファンダメンタル分析』中央経済社.
佐藤淑子・砂川伸幸. 2011.「優れたIR活動と継続的な評価：評価項目分析と住友商事の事例」『国民経済雑誌』203（5）: 35-47.
柴健次・須田一幸・薄井彰編著. 2008.『現代のディスクロージャー』中央経済社.
白田佳子・竹内広宜・萩野紫穂・渡辺日出雄. 2009.「テキストマイニング技術を用いた企業評価分析：倒産企業の実証分析」『経営分析研究』25: 40-47.
首藤昭信. 2010.『日本企業の利益調整』中央経済社.
須田一幸. 2001.『財務会計の機能 理論と実証』白桃書房.
須田一幸編著. 2004.『会計制度改革の実証分析』同文舘出版.
須田一幸. 2008.「当期純利益と包括利益」須田一幸編著. 2008.『会計制度の設計』白桃書房: 212-232.
須田一幸・首藤昭信. 2004.「経営者の利益予想と裁量的会計行動」須田一幸編著『ディスクロージャーの戦略と効果』森山書店.

須田一幸・首藤昭信・太田浩司. 2004a「ディスクロージャーが株主資本コストに及ぼす影響」須田一幸編著『ディスクロージャーの戦略と効果』森山書店.

須田一幸・首藤昭信・太田浩司. 2004b.「ディスクロージャーが負債コストに及ぼす影響」須田一幸編著『ディスクロージャーの戦略と効果』森山書店.

須田一幸・花枝英樹. 2008.「日本企業の財務報告―サーベイ調査による報告―」『証券アナリストジャーナル』46（5）: 51-69.

総務省. 2016.『平成28年 科学技術研究調査 結果の概要』.

円谷昭一. 2008.「経営者業績予想の駆け込み修正の研究―その実態と実証会計学への影響―」『証券アナリストジャーナル』46（5）: 70-81.

徳賀芳弘. 2002.「会計における利益観―収益費用中心観と資産負債中心観―」斉藤静樹編著『会計基準の基礎概念』中央経済社 : 147-177.

那須川哲哉・河野浩之・有村博紀. 2001.「テキストマイニング基盤技術＜特集＞テキストマイニング」『人工知能学会誌』16（2）: 201-211.

新美一正. 2009.「Studies わが国企業の実体的裁量行動に関する研究―期待外利益と研究開発・広告宣伝支出の実証分析」『Business & economic review』19（12）: 215-253.

野間幹晴. 2005.「研究開発投資に対する株式市場の評価」日本会計研究学会特別委員最終報告『無形資産会計・報告の課題と展望』247-259.

保坂豪. 2014.「東京証券取引所におけるHigh-Frequency Tradingの分析」JPXワーキング・ペーパー.

宮本順二朗. 1994.「企業における研究・開発の効果測定へ向けて―医薬品業界11社サンプルによる実証分析」『関東学院大学経済経営研究所年報』16 : 42-55.

山口朋泰. 2009.「機会主義的な実体的裁量行動が将来業績に与える影響」『会計プログレス』10 : 117-137.

若林公美. 2009.『包括利益の実証研究』中央経済社.

索　引

■英数

10-Kファイル …………………… 169
EDINET …………………………… 79
GDP ………………………………… 1
ROA ……………………………… 41
ROE ………………………………… 7
TTR ……………………………… 151

■あ行

アナリストレポート …………………… 69
アルゴリズム取引 …………………… 131
板寄せ ……………………………… 85
インタレスト・カバレッジ・レシオ … 39
インベスター・リレーションズ …… 97
売上高回転率 ……………………… 42
売上高事業利益率 ………………… 42
売上高純利益率 …………………… 7
営業循環 …………………………… 31

■か行

会計的裁量行動 …………………… 115
会計発生高 ………………………… 125
開発費 ……………………………… 20
機会主義的（裁量行動） ………… 111
逆選択 ……………………………… 81
金融費用 …………………………… 39
形態素解析 ………………………… 149
決算短信 …………………………… 114
高頻度取引 ………………………… 131
固定長期適合率 …………………… 38
コンセンサス予想 ………………… 69

■さ行

裁量行動 …………………………… 111
指値注文 …………………………… 84
ザラバ ……………………………… 85
時価簿価比率 ……………………… 21
事業利益 …………………………… 41
試験研究費 ………………………… 20
資産・負債アプローチ …………… 51
市場の流動性 ……………………… 82
私設取引システム ………………… 133
実体的裁量行動 …………………… 115
収益・費用アプローチ …………… 51
順次構造 …………………………… 137
純利益 ……………………………… 51
証券アナリスト …………………… 68
情報提供的（裁量行動） ………… 111
情報の非対称性 …………………… 79
将来利益反応係数 ………………… 54
ステージゲート法 ………………… 16
制御構造 …………………………… 137
セルサイド・アナリスト ………… 69
選択構造 …………………………… 137
総単語数 ………………………… 150

■た行

ティック …………………………… 87
適時開示 …………………………… 96
テキスト分析 …………………… 149
デプス ……………………………… 86
当座比率 …………………………… 35
取引所集中義務 ………………… 133

203

■な行

成行注文……………………………84
ネットワーク効果………………………16

■は行

バイサイド・アナリスト……………69
売買不可能性………………………17
反復構造……………………… 137
非競合性………………………16
非裁量的会計発生高………………… 125
非上場取引特権……………… 132
ビッド・アスク・スプレッド………82
フィードバック価値……………………52

■

不完全排除……………………………17
負債比率………………………………36
包括利益………………………………51
法定開示………………………………96

■ま行

ミスプライシング……………………25
無形資産の固有リスク………………17
モラルハザード………………………81

■や行

有価証券報告書…………………… 145
予測価値………………………………52

［著者紹介］

石光　裕〔いしみつ　ゆう〕

2000年　同志社大学商学部卒業
2003年　神戸大学大学院経営学研究科博士課程前期課程修了
2007年　神戸大学大学院経営学研究科博士課程後期課程退学
　　　　京都産業大学経営学部専任講師
2011年　京都産業大学経営学部准教授
2018年　京都産業大学経営学部教授　現在に至る

研究開発費情報と投資家行動

2018年5月31日　第1版第1刷発行

著　者	石　光　　　裕
発行者	山　本　　　継
発行所	㈱中央経済社
発売元	㈱中央経済グループ パブリッシング

〒101-0051　東京都千代田区神田神保町1-31-2
電話　03（3293）3371（編集代表）
　　　03（3293）3381（営業代表）
http://www.chuokeizai.co.jp/
印刷／昭和情報プロセス㈱
製本／誠　製　本㈱

Ⓒ 2018
Printed in Japan

＊頁の「欠落」や「順序違い」などがありましたらお取り替えいたしますので発売元までご送付ください。（送料小社負担）

ISBN978-4-502-25391-1　C3034

JCOPY〈出版者著作権管理機構委託出版物〉本書を無断で複写複製（コピー）することは，著作権法上の例外を除き，禁じられています。本書をコピーされる場合は，事前に出版者著作権管理機構（JCOPY）の許諾をうけてください。
JCOPY〈http://www.jcopy.or.jp　eメール：info@jcopy.or.jp　電話：03-3513-6969〉

― ■おすすめします■ ―

学生・ビジネスマンに好評
■最新の会計諸法規を収録■

新版 会計法規集

中央経済社編

会計学の学習・受験や経理実務に役立つことを目的に，最新の会計諸法規と企業会計基準委員会等が公表した会計基準を完全収録した法規集です。

《主要内容》

会計諸基準編＝企業会計原則／外貨建取引等会計処理基準／連結CF計算書等作成基準／研究開発費等会計基準／税効果会計基準／減損会計基準／自己株式会計基準／1株当たり当期純利益会計基準／役員賞与会計基準／純資産会計基準／株主資本等変動計算書会計基準／事業分離等会計基準／ストック・オプション会計基準／棚卸資産会計基準／金融商品会計基準／関連当事者会計基準／四半期会計基準／リース会計基準／工事契約会計基準／持分法会計基準／セグメント開示会計基準／資産除去債務会計基準／賃貸等不動産会計基準／企業結合会計基準／連結財務諸表会計基準／研究開発費等会計基準の一部改正／変更・誤謬の訂正会計基準／包括利益会計基準／退職給付会計基準／原価計算基準／監査基準／連続意見書　他

会 社 法 編＝会社法・施行令・施行規則／会社計算規則

金 商 法 編＝金融商品取引法・施行令／企業内容等開示府令／財務諸表等規則・ガイドライン／連結財務諸表規則・ガイドライン／四半期財務諸表等規則・ガイドライン／四半期連結財務諸表規則・ガイドライン　他

関 連 法 規 編＝税理士法／討議資料・財務会計の概念フレームワーク　他

■中央経済社■